BIBLIOTHÈQUE NATIONALE

MABLY

ENTRETIENS DE PHOCION

SUR LE RAPPORT

DE LA MORALE ET DE LA POLITIQUE

PARIS

LIBRAIRIE DE LA BIBLIOTHÈQUE NATIONALE

2, RUE DE VALOIS, PALAIS-ROYAL, 2

25 centimes

MES RENDU FRANCO DANS TOUTE LA FRANCE

1re édition — 1872.

ENTRETIENS

DE PHOCION

SUR LE RAPPORT

DE LA MORALE ET DE LA POLITIQUE

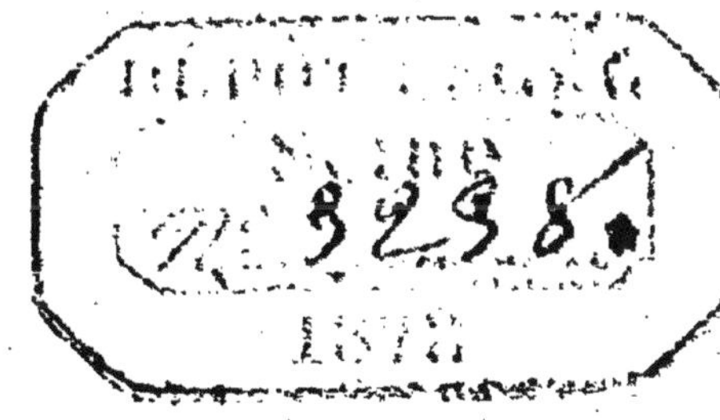

MABLY

ENTRETIENS

DE

PHOCION

SUR LE RAPPORT

DE LA MORALE ET DE LA POLITIQUE

PARIS

BUREAUX DE LA PUBLICATION

2, RUE DE VALOIS, PALAIS-ROYAL

1872

ENTRETIENS DE PHOCION

SUR LE RAPPORT

DE LA MORALE ET DE LA POLITIQUE

PREMIER ENTRETIEN

Ne désespérez pas du salut de la patrie, mon cher Cléophane; Athènes n'a point encore perdu la protection de Minerve, puisqu'elle possède Phocion. Peut-être nos citoyens ne sont-ils pas assez dépravés pour mépriser constamment la philosophie; si nous la consultions, nous ressemblerions bientôt à nos pères; nous verrions bientôt renaître des militaires, des Aristide, des Thémistocle, des Cimon, et une république digne de ces grands hommes.

Pénétré de douleur à la vue des vices qui

ont infecté l'âme de nos citoyens, et des guerres implacables qui ont succédé aux querelles passagères qui troublaient autrefois la Grèce sans la diviser (1) je crois ne voir de tout côté que de funestes présages d'une servitude prochaine, et je vais chercher de la consolation dans les entretiens de Phocion. Mon cœur épanche dans le sien ses craintes et ses chagrins.

(1) Avant la guerre du Péloponèse, les villes de la Grèce, libres et indépendantes, mais unies par des alliances et des serments, à peu près comme le sont aujourd'hui les cantons suisses, formaient une république fédérative. Malgré les différends qui s'élevaient quelquefois entre les alliés, les Grecs croyaient que la nation entière n'avait et ne pouvait avoir qu'un même intérêt, et ils ne regardaient pas comme de véritables guerres les hostilités qu'ils faisaient les uns contre les autres. C'est ce qui faisait dire à Platon : *Aio equidem Græcos omnes inter se propinquos esse genere atque cognatos, à Barbaris autem diversos atque extraneos... Quoties igitur Græcia adversùs Barbaros, vel contra Græcos Barbari ipsi pugnabunt, bellum gerere asseremus, et hostes esse natura, et has inimicitias bellum vocabimus. Quandò vero Græci adversùs Græcos insurgunt, dicemus eos natura quidem amicos esse, morbo autem laborare in hoc Græcium, et seditionibus agitari, et seditiones has inimicitias appellabimus.* (PLAT., in *Rep.*, liv. V.) La guerre du Péloponèse, entreprise par des vues d'ambition, et soutenue pendant près de trente ans avec la plus grande opiniâtreté par les Athéniens, les Spartiates et leurs alliés, rompit tout lien entre les Grecs. On ne prit plus les armes pour se venger simplement d'une injure et exiger une réparation, mais pour détruire son ennemi, asservir ses voisins et dominer sur la Grèce entière. Si Platon appelait encore ces guerres cruelles des *séditions* ou des *émeutes,* c'était pour apprendre aux Grecs leur devoir, et les inviter à penser encore comme leurs pères avaient pensé.

«Il n'y a, me dit-il, que les dieux qui soient immortels; les empires, les républiques se forment, s'élèvent, et leur prospérité même, dont ils abusent toujours, est toujours le signe de leur décadence. Ouvrage des hommes, ils portent l'empreinte de leur faiblesse; ils sont sujets, comme eux, aux maladies, à la caducité et à la mort. »

Vous et moi nous aurions dû naître dans des temps plus heureux; il est doux de voguer sur les mers quand un vent favorable agite mollement les vagues, et que le pilote lit sa route dans un ciel serein; mais ne murmurons point contre l'ordre éternel des choses, qui ne nous a pas destinés à ce bonheur. Au milieu d'une mer orageuse couverte d'écueils, nous devons, s'il est possible, espérer contre toute espérance, et ne pas abandonner lâchement la manœuvre du vaisseau.

«Mon cher Nicoclès, me dit Phocion, il n'est jamais permis de désespérer du salut de la république; aux plus grands désordres opposez une plus grande sagesse, aux plus grands périls opposez un plus grand courage : attendez des miracles de la part des dieux, et peut-être en ferez-vous. La république peut périr; mais la consolation d'un bon citoyen, en s'ensevelissant sous ses ruines, c'est d'avoir tout tenté pour la sauver. »

Que n'êtes-vous avec nous, mon cher Cléophane! Nous parlons de l'amour de la patrie et de la liberté, qui ne vit plus que dans le cœur de trois ou quatre citoyens; nous regrettons cette ancienne simplicité qui servait de rempart aux bonnes mœurs; nous gémissons sur la jouissance de ces faux plaisirs après lesquels nous courons, et qui ne nous préparent que des malheurs.

«Phocion, lui disais-je hier, je ne suis pas

étonné que nos triomphes dans le cours de la guerre médique nous aient inspiré une folle présomption. Les hommes sont plus faits pour résister aux malheurs qu'à la prospérité; nous devions nous tenir sur nos gardes, et conjurer les dieux de mettre le comble à leurs bienfaits en ne nous permettant pas d'en abuser, et nous nous sommes laissé imprudemment éblouir par notre gloire. Nous n'avons pas compris que cette prospérité disparaîtrait si nous abandonnions les principes auxquels nous la devions. Trop fiers de régner sur la mer, nous avions cru, après la journée de Salamine, qu'il était indigne de nous de respecter les droits de Lacédémone et de n'occuper que la seconde place dans la Grèce. Nos voisins et les colonies ont recherché notre alliance, et nous avons cru leur faire une grâce en la leur accordant; nous avons eu la folie de vouloir leur vendre une protection que nous devions leur donner. Notre orgueilleuse ambition nous a bientôt fait commettre de nouvelles fautes, nous avons cessé de respecter la liberté de nos amis, parce qu'ils étaient moins puissants que nous. Après les avoir affranchis du joug des Perses, nous avons voulu leur imposer le nôtre: ils souffraient patiemment notre orgueil; mais notre avarice a enfin soulevé la leur (1), et

(1) Après que les Perses, vaincus sur mer et sur terre, eurent abandonné le projet d'asservir la Grèce, les Athéniens portèrent la guerre en Asie, pour affranchir du joug de Xerxès les Grecs qui y étaient établis. Ces peuples, accoutumés à la paix, ne faisaient la guerre qu'à regret. Athènes les en exempta, se contentant d'en exiger un tribut annuel de soixante talents pour subvenir aux frais de son armée. Pausanias, liv. VIII, ch. LII, en fait un reproche amer à Aristide. Il l'accuse d'avoir ouvert la porte à la

ils sont devenus nos ennemis. Nous fûmes punis de nos injustices par la révolte ou la défection de nos alliés ; et au lieu d'ouvrir les yeux et de nous corriger, nous espérâmes de pouvoir être injustes impunément, et nous recourûmes à la force pour régner sur des peuples qui faisaient notre grandeur, en nous prêtant leurs vaisseaux et leurs bras ; il a fallu les affaiblir et les ruiner, et nos succès mêmes sont devenus autant de disgrâces pour nous. Qu'espérions-nous en rompant les nœuds de cette alliance antique et respectable, qui entretenait la paix entre les Grecs, et qui les a fait triompher des armées innombrables de l'Asie ? La guerre du Péloponèse, dont nous sommes les auteurs, a été le germe fécond de toutes nos calamités : nous avons été vaincus, et quand nous aurions été vainqueurs, notre sort et celui de la Grèce n'en auraient pas été plus heureux (1). Un esprit

cupidité, et accoutumé les Grecs à faire un trafic mercenaire de leurs alliances et de leurs forces. Périclès, en succédant à Cimon dans le gouvernement d'Athènes, porta ce tribut à six cents talents, et tout fut perdu. Les Grecs d'Asie voyaient qu'il était inutile de faire la guerre à la Perse humiliée ; ils murmurèrent et se plaignirent de la continuation d'un impôt qui les ruinait. Il fallut leur faire la guerre pour les contraindre à le payer. Le talent pesait soixante livres de douze onces, qui, selon notre manière de compter, font quatre-vingt-dix marcs. Notre marc d'argent valant aujourd'hui cinquante livres, le talent grec valait quatre mille cinq cents de nos livres numéraires. Le talent d'or pesait de même soixante livres ou quatre-vingt-dix de nos marcs.

(1) Il est vraisemblable que les Athéniens auraient abusé de leurs avantages avec encore plus de dureté que les Spartiates. Ceux-ci étaient accoutumés à la modération, et ils en donnèrent plusieurs marques dans le cours même de

de vertige s'était répandu d'Athènes dans toute la Grèce. La haine, la vengeance, l'ambition, les soupçons étaient dans tous les cœurs. Les Grecs étaient devenus eux-mêmes leurs plus grands ennemis; et ce que chaque république fait depuis ce moment fatal pour conserver sa liberté ou se rendre plus puissante, c'est précisément ce qui la perd. Cependant quelle que soit notre situation, je ne sais quel pressentiment m'avertit encore quelquefois que tout n'est pas désespéré. Si les dieux, Phocion, avaient voulu notre ruine entière, ils nous auraient laissé déchoir insensiblement; une corruption lente nous aurait privés des ressources nécessaires pour en sortir; un bandeau, de jour en jour plus épais, nous aurait empêchés de voir l'abîme où nous allons tomber. Mais la bonté infinie des dieux ne l'a pas permis; ils nous ont donné au con-

la guerre du Péloponèse; les autres, au contraire, avaient toujours eu de l'ambition. Dès leur naissance ils avaient cru avoir une sorte de droit sur les pays qui produisent du blé, des oliviers et des vignes, et ils se flattaient de s'en rendre un jour les maîtres. Dans la négociation qui précéda la guerre du Péloponèse, Athènes ne cacha point ses vrais sentiments. Thucydide, livre I, ch. IV, fait dire à ses ambassadeurs : « C'est de tout temps que les plus forts sont les maîtres; nous ne sommes pas les auteurs de ce règlement, il est fondé dans la nature. » Étrange politique, et qu'il est encore plus étrange d'oser avouer ! La manière dont Athènes traita ses alliés fait juger comment elle en aurait usé avec la Grèce entière si elle eût fait subir aux Spartiates le sort qu'elle éprouva elle-même. Son empire n'aurait pas été plus affermi que le fut celui de Lacédémone quand elle voulut régner par la force. Les Athéniens auraient vu éclater contre eux des révoltes continuelles, et leur gouvernement, faible et tumultueux, leur aurait préparé une prompte décadence.

traire de grands avertissements; ils ont permis que des révolutions subites et inatten-
dues nous forçassent malgré nous à réfléchir.
Notre patrie, qui aspirait à tout subjuguer,
a vu en un jour renverser ses murailles, et
établir dans son sein trente tyrans, d'autant
plus cruels qu'ils étaient des esclaves timides
de Lysandre. Lacédémone, qui après sa victoire tyrannisait la Grèce, et dont les armées,
sous la conduite d'Agésilas, avaient porté la
terreur jusque dans la capitale même du grand
roi, a vu expirer sa puissance dans les champs
de Leuctre : cet empire, qui a tant coûté de
travaux à nos pères et aux Spartiates, que
les uns cependant n'ont pu acquérir, que les
autres n'ont pu conserver, quelle ville, ins-
truite par tant d'expériences, ne doit pas juger aujourd'hui qu'il est insensé d'y aspirer
par la force? Pourquoi la Grèce ne rentre-t-
elle donc pas en elle-même? Les dieux ne se
lassent point de nous avertir et de nous instruire; l'ambition de Philippe ne suffira-t-elle
pas pour nous rendre sages? C'est à nos vices,
qui font notre faiblesse, que la Macédoine
doit sa force et ses succès. Il est temps de
connaître nos vrais intérêts; nous le voyons,
nous le sentons, il semble même que nous
voulions agir; mais toutes les facultés de
notre âme se trouvent engourdies, et le
moindre effort nous fatigue. Par quel art
retrouvons-nous donc notre courage et nos
forces? »

Phocion allait me répondre, lorsque nous
fûmes interrompus par Aristias. C'est un jeune
homme né pour aimer et respecter la vertu,
mais dont les sophistes avaient déjà commencé à gâter l'esprit. Il entra avec cet air
avantageux d'un étourdi qui croit posséder
de grandes vérités, parce qu'il a des opinions
bizarres, et qui s'admire avec complaisance

pour avoir eu la force de secouer quelques préjugés grossiers.

« Je viens vous demander votre amitié, dit-il à Phocion en l'abordant, et vous ne pouvez me la refuser; c'est pour le bien de la patrie que je vous la demande. Je commence, continua-t-il, à me lasser de cette philosophie oisive, qui n'enseigne que de stériles vérités, ou plutôt d'ingénieuses rêveries sur la formation de l'univers, et la nature des dieux et de notre âme; on sait bientôt à quoi s'en tenir sur tout cela. Les hommes, après tout, sont faits pour vivre en société; c'est à leurs mains à préparer leur bonheur; c'est donc l'étude de la société, c'est-à-dire, la politique, qui doit les occuper. Qui pourrait mieux me guider dans cette carrière que vous, Phocion, qui avez acquis à juste titre une si grande réputation à la tête de nos armées, dans le sénat et notre place publique? Je ne sais pourquoi nos affaires vont si mal; car Athènes, qui n'est plus barbare, a tout ce qu'il faut pour être la première république du monde. Tout abonde ici de toutes parts; nos richesses (1), nos talents et notre industrie apportent parmi nous les délices de toute la terre. Faits pour cultiver tous les arts, nous les perfectionnons tous. La philosophie a poli nos mœurs, et nous avons appris à rendre les vertus commodes, faciles et agréables.

---

(1) Ce qu'Aristias dit ici à la louange de sa patrie ressemble assez à ce qu'on trouve dans l'éloge funèbre que Périclès prononça aux funérailles de ceux qui avaient été tués dans la première campagne de la guerre du Péloponèse. (Voyez Thucydide, liv. II, ch. vii.) Un pareil discours est bien digne de l'orateur qui le faisait, c'est-à-dire d'un magistrat qui, pour se rendre plus puissant, avait corrompu les mœurs de sa république. Aristide, Thémis-

L'amour de la gloire sait nous arracher sans effort aux plaisirs, et nous possédons au souverain degré le talent de jouir des avantages de la société. Sans nous flatter, ne valons-nous pas incontestablement mieux que nos voisins? Voyez la pesanteur des Spartiates. Ils délibéreront encore dans un mois sur ce qu'il fallait exécuter il y a quinze jours. Rien n'égale la sottise des Béotiens que leur présomption. Pour avoir été un moment les arbitres de la Grèce, ils croient bonnement être en droit de la gouverner. La Phocide, avec son temple de Delphes, croupit dans un respect aussi ridicule que profond pour les oracles de son Apollon. Corinthe n'est grossièrement occupée que de son argent et du commerce qu'elle fait sur deux mers: le reste de la Grèce ne vaut pas l'honneur d'être nommé; et si nous ne l'avions pas un peu façonné, tout y serait encore aussi barbare que nos respectables ancêtres du temps de Thésée. Malgré tous nos avantages, je ne suis pas content; il me semble que nos magistrats ne savent pas tirer parti de nos bonnes qualités; je sens que la république qui devrait gouverner impérieusement la Grèce, s'énerve et dépérit par notre faute. Il ne nous échappe pas le moindre trait de génie; nous ne faisons rien de ce que nous devrions faire : à quoi nous servent donc nos talents? Il faudrait proposer de nouvelles lois, ou du moins

tocle et Cimon n'auraient point parlé ainsi. Les qualités que Périclès loue dans les Athéniens sont autant de vices, mais déguisés avec art sous les ornements trompeurs de l'éloquence. Quand les Athéniens, toujours vains et avides de louanges, n'eurent plus de vertu, ils prirent le parti de louer leurs vices et d'en tirer vanité, plutôt que de se corriger.

corriger les anciennes. Solon pouvait être bon autrefois, mais d'autres temps, d'autres soins. Une politique froide et sans imagination n'est propre qu'à engourdir les citoyens; enfin Philippe et sa Macédoine ne laissent pas de m'inquiéter; c'est une chose indécente, et nous devrions déjà les avoir rangés à leur devoir. »

Phocion sourit nonchalamment à ce début; pour moi, je suis vivement tenté de corriger un petit présomptueux assez maladroit pour exciter notre mépris, en croyant mériter notre admiration. Je me tus cependant, et Aristias continua son discours, et nous exposa en détail ses réflexions. Tout fut critiqué dans la république, et, grâce à l'énormité de nos sottises, le jeune homme eut assez souvent raison. Mais rien n'est égal à la folie des remèdes qu'il nous proposa. Il s'applaudissait de ses découvertes; il blâma à plusieurs reprises la loi qui défend de haranguer dans la place publique avant l'âge de cinquante ans (1); il nous fit comprendre adroitement que cette loi ridicule privait la république de ses sages conseils, et il se tut enfin,

(1) Cette loi était de Solon et déplaisait fort aux jeunes gens d'Athènes, qui, tout pleins d'orgueil après avoir fréquenté les écoles des sophistes, ne doutaient point que la république ne fût très-bien gouvernée si on leur avait permis de monter dans la tribune aux harangues et de se mettre à la tête des affaires. Cette loi n'était plus observée régulièrement du temps de Phocion; car, selon la remarque de M. l'abbé d'Olivet sur la première *Philippique*, Démosthènes n'était que dans sa trentième année quand il prononça cette harangue. Peut-être cet orateur était seul excepté de la règle générale, à cause de ses grands talents; mais il est plus vraisemblable que c'était un abus, suite du discrédit où les anciennes lois étaient tombées.

quand il crut nous avoir prouvé qu'il était le génie tutélaire d'Athènes, et qu'il ne fallait pas s'en prendre à lui si la république tombait en décadence.

« Je vous rends grâces, lui dit Phocion, des lumières que vous m'avez communiquées, et je ne puis que louer votre zèle pour la patrie. Vous avez démêlé avec beaucoup d'esprit plusieurs vices de notre république et de la Grèce; cependant il me semble que, dans le grand nombre de remèdes que vous voudriez essayer, vous n'avez point suivi un certain ordre, une certaine méthode que je croirais nécessaires, et sans lesquels tout ce que vous proposez pallierait peut-être pour un instant, mais ne guérirait pas nos maux. Que diriez-vous d'un médecin que j'appellerais auprès d'un hydropique dévoré d'une soif ardente, et qui ordonnerait simplement de le faire boire? Un sang enflammé circule dans ses veines: « Qu'on le mette dans un bain. » Ce n'est point là la médecine, ce n'est que le conseil perfide d'un charlatan ignorant, qui, sans guérir la maladie, ne songe qu'à donner à son malade un soulagement passager, mais funeste. Oseriez-vous vous ériger en médecin avant que d'avoir étudié toute la machine du corps humain? Non sans doute, vous voudriez d'abord en connaître en détail toutes les parties; vous voudriez vous instruire de leurs fonctions, de leurs différents rapports, et avoir examiné la vertu et la propriété de chaque remède.

« La politique, Aristias, est la médecine des États, et cette médecine n'a pas moins besoin que l'autre de connaissances et de méditations. Avant que d'imaginer tant de choses pour faire fleurir notre patrie, avez-vous commencé par vous demander à vous-même pourquoi les hommes ont consenti à renoncer à cette indépendance avec laquelle ils sont nés et établi entre eux un gouvernement, des lois et des magistrats? Avez-vous bien réfléchi sur la nature du cœur et de l'esprit humain, et du bonheur dont nous sommes susceptibles? Êtes-vous remonté à la source de nos passions? Connaissez-vous bien leur force, leur activité, leurs caprices? Avez-vous tâché de vous dépouiller de vos préjugés, pour ne consulter que la raison, et vous élever par son secours, jusqu'à la connaissance des vues générales de la nature sur nous? Enfin, avez-vous tâché de distinguer nos vrais besoins de ceux que nous nous sommes faits nous-mêmes, de ces besoins artificiels qui causent peut-être tous nos malheurs, en nous procurant cependant par intervalle quelques plaisirs passagers dont nous sommes les dupes? Sans ces connaissances préliminaires, qui vous répondra que l'objet que vous vous proposez, soit en effet celui que vous devez vous proposer? Comment serez-vous sûr que le remède que vous employez produira le bien que vous en attendez, ou qu'en l'appliquant à une partie de la société, vous ne nuirez pas à l'autre? La politique ne serait qu'un art aussi méprisable que les charlatans qui l'exercent aujourd'hui dans la Grèce, si ne nous délivrant d'un mal que pour nous en donner un autre, elle ne remonte pas jusqu'à la cause des vices mêmes qui obstruent le corps de la république, ou qui en aigrissent et irritent les humeurs.

« Si vous ne cherchez, Aristias, qu'un recueil de charlataneries ou de tours de passe-passe, je ne suis point votre fait; mais je vous avertis que ce n'est pas là la politique. L'art de tromper les hommes n'est point l'art de les rendre heureux. C'est parce que la Grèce n'est plus gouvernée que par des empiriques, qu'une fortune inconstante, capricieuse et cruelle décide impérieusement de notre sort. En courant après un bonheur chimérique, ombre légère qui nous trompe, et que nos mains ne peuvent saisir, pourquoi sommes-nous étonnés de ne trouver que des malheurs? Occupés du seul moment présent, ce moment nous échappe sans cesse; et notre politique, toujours placée dans des circonstances imprévues, voit tromper ses espérances et déconcerter ses projets. Nous éprouvons que ce qui semblait procurer hier une sorte de calme à la république, y excite aujourd'hui un orage: que ne remontons-nous donc à ces principes lumineux, fixes et immuables que la nature nous a donnés pour chercher et affermir notre bonheur! »

Je jouissais d'un double plaisir, mon cher Cléophane; j'écoutais Phocion, et je voyais Aristias, qui, en rentrant en lui-même, était combattu par l'envie de s'instruire et la confusion de s'être trompé. Ces sentiments se peignaient tour à tour sur son visage, et j'allai au secours de sa raison.

« Aristias, lui dis-je, je vous conseille de vous consoler de n'être pas tout à fait aussi habile que Phocion. »

Il rougit et sourit.

« Courage, ajoutai-je, si vous êtes assez généreux pour convenir qu'à vingt ans on peut sans honte ignorer bien des choses, vous serez sans doute digne d'être le disciple de Phocion. »

A ces mots, l'amour de la vérité prit dans Aristias l'ascendant sur l'amour-propre. Il me sauta au cou, et ce ne fut que par respect pour Phocion qu'il n'osa l'embrasser.

« Je l'avoue, dit-il, il s'en faut bien, Phocion, que je sois prêt à corriger nos lois et réparer les fautes de nos magistrats. Sans connaître encore mes erreurs, je vois que je dois m'être trompé, je n'en doute pas. Cependant, plus j'y réfléchis, moins je comprends votre pensée. Peut-il se faire, poursuivit-il, qu'au milieu des révolutions, qui changent continuellement la nature des affaires et la face des sociétés, l'art de gouverner ait des principes fixes, déterminés et immuables?

— Sans doute, repartit Phocion, puisque la nature de l'homme, que la politique doit rendre heureux, tient elle-même à des principes fixes, déterminés et immuables. Les affaires peuvent changer avec nos caprices, mais ces changements n'en apportent aucun aux règles de la nature, ni à la destination des hommes et de la société.

— Mais, insista Aristias, jetez les yeux, Phocion, sur les Barbares qui entourent la Grèce. Quelle prodigieuse différence ne remarquez-vous pas entre les Perses, les Scythes, les Thraces, les Macédoniens, etc. ? Nous autres Grecs, nous semblons former une classe d'hommes à part. Chacune même de nos républiques n'a-t-elle pas des mœurs et une constitution différentes? N'aspirons-nous pas tous à un bonheur différent? Ce qui serait sage dans la Grèce, où nous voulons être libres, deviendrait donc vicieux dans la Perse, où l'on aime la servitude. L'Arcadie, placée au milieu du Péloponèse, peut-elle se proposer le même objet que Corinthe? Nous, qui ne cultivons qu'une terre stérile et ingrate, devons-nous imiter le peuple qui habite la fertile Laconie? Puisque la société a, selon les lieux et les temps, des besoins différents; puisque de nouvelles circonstances et une révolution rendent souvent un peuple si différent de lui-même, la principale attention de la politique ne devrait-elle pas être de varier ses principes et sa conduite?

— Qu'elle varie la manière d'appliquer ses principes, j'y consens, répondit Phocion, puisque tous les peuples qui se trompent ne sont pas dans la même erreur, et que les uns sont plus ou moins éloignés que les autres du chemin qui conduit au bonheur. Mais croirez-vous, mon cher Aristias, que, suivant la bizarrerie de nos goûts, la nature, aussi inconstante et aussi capricieuse que nous, doive avoir différentes sortes de bonheur à nous distribuer? Non, elle n'en a qu'un qu'elle offre également à tous les hommes, et la politique doit commencer par connaître ce bonheur dont l'homme est susceptible, et les moyens qui lui sont donnés pour y parvenir.

« Imaginez, Aristias, des voyageurs imprudents, qui, partant d'Athènes pour se rendre à Corinthe, sans s'instruire du chemin qu'ils doivent tenir, se seraient égarés sur la route de l'Ionie, de la Thrace ou de la Macédoine. En allant toujours devant eux, ils parviendront jusque dans les provinces où naît le jour, chez les nations hyperborées, ou chez les barbares qui habitent au delà du Tanaïs; mais malgré leur courage et leur patience, ils périront de fatigue et de misère avant que de trouver sur les frontières du monde cette Corinthe, qui n'était d'abord qu'à quelques stades d'eux, et où ils pouvaient se rendre commodément. Telle est l'erreur de tous les peuples; ils cherchent péniblement le bonheur où il n'est pas, et ils nomment politique l'inquiétude qui les agite dans une course incertaine et trompeuse. »

« Vous savez, Aristias, continua Phocion, quelle était la situation de Lacédémone quand les dieux lui donnèrent Lycurgue pour législateur. Tous les Spartiates s'étaient fait des idées fausses et chimériques du bonheur. Les deux rois croyaient qu'il consiste à gouverner impérieusement une foule d'esclaves, les riches à voler le peuple, et la multitude à mépriser les lois dont on voulait l'accabler. Les différents ordres de la république n'étaient quelquefois réunis que par des sentiments d'ambition, ou plutôt d'avarice, qui les rendaient odieux aux peuples voisins de la Laconie, sur lesquels ils exerçaient leurs brigandages, et dont ils éprouvaient à leur tour la vengeance. Si Lycurgue eût nourri les erreurs de sa patrie, au lieu de les dissiper, les Spartiates, tour à tour en proie aux désordres de la tyrannie et de l'anarchie, et toujours malheureux en se flattant d'être un jour heureux, n'auraient cessé de se déchirer que quand un de leurs ennemis les aurait réduits eux-mêmes à la condition des Hélotes. Cet homme divin les mit sur la route du bonheur. Son opération fut simple. Au lieu de consulter leurs préjugés, il ne consulta que la nature. Il descendit dans les profondeurs tortueuses du cœur humain, et pénétra les secrets de la Providence. Ses lois, faites pour réprimer nos passions, ne tendirent qu'à développer et affermir les lois mêmes que l'auteur de la nature nous prescrit par le ministère de la raison dont il nous a doués, et qui est le magistrat suprême et seul infaillible des hommes (1). »

(1) Je ne puis m'empêcher de mettre ici sous les yeux de mes lecteurs un morceau admirable de Cicéron dans sa *République*. « *Est quidem vera lex, recta ratio, naturæ congruens, diffusa in omnes, constans, sempiterna, quæ vocet ad officium jubendo, vetando à fraude deterreat. Quæ tamen neque probos frustra jubet aut vetat, nec improbos jubendo aut vetando movet. Huic legi neque abrogare fas est, neque derogari ex hâc aliquid licet, neque totâ abrogari potest. Nec verò per senatum aut per populum solvi hâc lege possumus : neque est quærendus explanator, aut*

A ces mots, mon cher Cléophane, Aristias, tout imbu de la doctrine de nos sophistes, ne peut s'empêcher d'interrompre Phocion.

« Quelles sont donc, dit-il, ces lois mystérieuses que nous impose la raison? Pourquoi étouffer des passions dont le feu salutaire donne le mouvement et la vie à la société? La nature, qui nous ordonne impérieusement

interpres ejus alius. Nec erit alia lex Romæ, alia Athenis, alias nunc, alia post hac, sed omnes gentes et omni tempore, una lex et sempiterna, et immutabilis continebit, unusque erit communis quasi magister et imperator omnium deus, ille legit hujus inventor, disceptator, lator; cui non parebit, ipse se fugiet ac naturam hominis aspernabitur; atque hoc ipso luet maximas pœnas, etiam si cætera supplicia quæ putantur effugerit. » C'est cette raison, dont parle Cicéron d'une manière si sublime et si vraie, qui doit être le principe et la règle de toute la morale et de toute la politique. Les *Entretiens de Phocion* n'ont point d'autre objet que de développer cette importante vérité. Cicéron dit encore dans son *Traité des lois* : « *Quid est autem, non dicam in homine, sed in omni cælo atque terrâ, ratione divinius? Quæ cùm adolevit atque perfecta est, nominatur ritè sapientia. Est igitur, quoniam nihil est ratione melius, eaque et in homine et in Deo, prima hominis cum Deo rationis societas... Est enim unum jus, quo devincta est hominum societas, et quod lex constituit una. Quæ lex est recta ratio imperandi, atque prohibendi : quam qui ignorat is est injustus, sive est illa scripta uspiam, sive nusquam... Quod si populorum jussis, si principum decretis, si sententiis judicum jura constituerentur, jus esset latrocinari, jus adulterare, jus testamenta falsa supponere, si hæc suffragiis, aut scitis multitudinis probarentur. Quæ si tanta potentia est stultorum sententiis atque jussis, ut eorum suffragiis rerum natura vertatur; cur non sentiunt, ut quæ mala, perniciosaque sunt, habeantur pro bonis ac salutaribus? Aut cur, cùm jus ex injuria lex facere possit, bonum eadem facere non possit ex malo.* »

de courir sans relâche après le bonheur, ne nous fait-elle pas connaître clairement sa volonté et notre destination par cet attrait de plaisir ou cette pointe de douleur dont elle arme tout ce qui nous environne? Je fuis ou j'approche un objet, suivant qu'il me repousse ou qu'il m'appelle; et comment m'égarerais-je en obéissant à cet instinct? Mes passions, nées dans moi avant ma raison, ne sont-elles pas, comme elle, l'ouvrage de la nature? Ce flambeau pâle et obscur qui, dit-on, doit me guider, pourquoi luirait-il le dernier à mes yeux? Si la nature avait fait les hommes pour obéir à la raison, pourquoi seraient-ils les maîtres d'y désobéir? Cette nature est-elle faible, timide, impuissante et bornée comme nos magistrats? Cette raison, dont on vante les oracles incertains, et dont nous sommes si fiers, n'est, après tout, que l'ouvrage de notre vanité; c'est à des préjugés formés par hasard, et consacrés par l'éducation et l'habitude, que nous donnons ce nom. Différente dans la Perse, dans l'Egypte, dans la Thrace, différente dans presque toutes les villes de la Grèce, chacun croit l'avoir, et personne en effet ne la possède. D'ailleurs faible, languissante, partout esclave, lui sied-il d'affecter l'empire? C'est aux passions que la nature l'a donnée, en leur donnant la force nécessaire pour nous subjuguer.

— Jeune homme, repartit Phocion, que je vous plaindrais, si ces erreurs de votre esprit étaient passées jusque dans votre cœur pour y étouffer le germe de la vertu. A votre âge un paradoxe audacieux paraît la vérité, et il faut vous le pardonner, puisqu'à votre âge on n'est philosophe que par passion. Mais vous aurez honte un jour d'avoir confondu les appétits grossiers de nos sens, et les égarements de notre âme, avec ces lois prudentes que nous prescrit la raison. »

Ah ! mon cher Cléophane, que n'avez-vous été témoin de cet entretien ? Ce Phocion, toujours si tranquille dans les débats tumultueux de notre place publique, vous l'auriez vu s'échauffer peu à peu pour les intérêts de la raison et de la vertu, car leur cause est commune, et parler enfin avec cette éloquence enflammée que je ne puis vous rendre.

« Jeune homme, à qui les dieux ont accordé un cœur droit, mon cher Aristias, je vous en conjure, ne corrompez pas le don précieux qu'ils vous ont fait. Si la raison n'est qu'un préjugé, frémissez-en, la vertu n'est plus qu'un mot inutile et vide de sens. Vous la bannissez de la terre, et quel affreux séjour serions-nous condamnés à habiter ? Les tigres seraient moins dangereux pour l'homme que l'homme même. Ne fermez pas les yeux à la vérité qui vous éclaire de tous côtés. N'est-il pas évident que l'empire, que nous laissons usurper à nos passions, est la source de tous nos maux ? Et plût au ciel qu'une expérience éternelle, et toujours répétée, n'en multipliât pas chaque jour les preuves ! tandis que ma raison, ministre de l'auteur de la nature parmi les hommes et l'organe de ses volontés, me crie d'être juste, humain, bienfaisant ; qu'elle m'apprend à chercher mon bonheur particulier dans le bien public, et réunir les hommes par les vertus qui inspirent la sécurité et la confiance, examinez les ravages que les passions produisent dans la société. Chacune d'elles, aveugle sur tout autre intérêt que le sien, brise les liens de la république, en se regardant comme l'objet et le centre de tout. Le vice éloigne les uns des autres les citoyens que la vertu rapprocherait et tiendrait unis ; il divise les

peuples par les haines, les craintes et les soupçons. Rien n'est sacré pour les passions;
guerres, meurtres, trahisons, violences, injustices, perfidies, lâchetés, voilà leur cor-
tége, tandis que la raison appelle autour
d'elle la paix, la bonne foi et le bonheur à la
suite de toutes les vertus.

« Nous tenons le milieu, mon cher Aristias,
entre les pures intelligences et les brutes; ne
soyons ni tout l'un, ni tout l'autre. Le terme
de la philosophie, c'est de connaître notre
condition, et d'être assez sages pour nous tenir sans orgueil et bassesse à la place qui
nous est assignée. Nous avons une raison et
des passions; en riant du chagrin de ces philosophes farouches qui voudraient détacher
notre âme de tous les liens de nos sens, ne
tombez pas dans l'erreur mille fois plus dangereuse de ces hommes sans mœurs qui vous invi-
tent à vous salir dans la fange de vos passions,
et se repentent sans cesse de s'être laissés
tromper par les faux biens qu'elles présentent.
C'est aller plus loin que l'auteur de la nature,
que de vouloir détruire nos passions; elles
sont son ouvrage, et immortelles comme
lui; mais il nous ordonne de les tempérer, de
les régler, de les diriger par les conseils de
la raison, puisque ce n'est qu'ainsi qu'elles
peuvent perdre leur venin, et contribuer à
notre bonheur. »

Tandis que Phocion parlait ainsi, Aristias,
profondément occupé, tenait les yeux bais-
sés, et paraissait accablé du poids de la vérité.

« La nature, dit-il enfin en soupirant, s'est
donc jouée des hommes avec autant de perfidie que de cruauté. Pourquoi cet assem-
blage monstrueux et bizarre de qualités opposées? pourquoi nous avoir entourés de
piéges? pourquoi du moins n'avoir pas donné

à notre raison les forces ou le charme que possèdent nos passions ?

— Humiliez-vous avec moi, lui répondit Phocion, devant la sagesse suprême. Ne soyons point assez téméraires, tandis que nous nous sentons pressés de tout côté par d'étroites limites, pour vouloir comprendre, embrasser et mesurer un être infini. Qui sommes-nous pour exiger qu'il nous rende compte de ses desseins et de sa conduite ? Ce que nous voyons de sa sagesse doit nous jeter dans une admiration timide et respectueuse pour ce que nous ne voyons pas. S'il nous dévoilait le système général du monde, notre vue serait-elle assez étendue pour en saisir toutes les parties et tous les rapports ? Non, mon cher Aristias, si l'auteur de la nature voulait nous révéler ce secret, nous ne le comprendrions pas ; il ne nous apprendrait que des mystères auxquels ne pourrait atteindre notre raison faite pour des vérités d'un ordre inférieur. Bornons là nos connaissances et nos recherches. Les vérités qu'il nous est important de connaître, la Providence nous les prodigue ; elle les a mises, pour ainsi dire, sous notre main ; mais le reste est caché sous un voile impénétrable. De quoi nous plaindrions-nous ? N'est-il pas assez prouvé que nos passions ne donnent point le bonheur qu'elles promettent ? Notre raison manque-t-elle de nous en avertir ? A ces sirènes, dont la voix mélodieuse ne nous appelle que pour nous dévorer, que n'opposons-nous la prudence d'Ulysse ? La politique attendra-t-elle de nouvelles révolutions dans les Etats, de nouvelles disgrâces, de nouvelles décadences pour se convaincre que le bonheur des sociétés veut un autre fondement que des passions injustes, aveugles, légères, inconstantes et pernicieuses ?

«Faites-vous, mon cher Aristias, un tableau du spectacle que présenterait la terre si tous ses habitants, semblables à ce divin Socrate, dont Platon et Xénocrate m'ont cent fois tracé le portrait, réunissaient en eux toutes les vertus. S'il est vrai que dans ce nouvel âge d'or, où les passions seraient réprimées et dirigées par la raison, la félicité habiterait parmi les hommes, n'est-il pas certain que la politique doit nous faire aimer la vertu, et que c'est là le seul objet que doivent se proposer les législateurs, les lois et les magistrats ? Les sophistes pourront déclamer contre les droits de la raison en faveur des passions quand ils pourront nous faire apercevoir les grands avantages qu'une république retire de l'avarice, de la prodigalité, de la paresse, de l'intempérance, de l'injustice de ses citoyens et de ses magistrats.

«Pour les confondre, mon cher Aristias, invitez-les à remonter dans les siècles les plus reculés, et, pour ainsi dire, à la naissance du genre humain. Faites-leur remarquer que la Grèce fut arrosée de sang et de larmes tant que nos pères, plus semblables à des bêtes farouches qu'à des hommes, vécurent sous l'empire des passions. Invitez ces grands philosophes, si ennemis de la raison, à nous apprendre pourquoi nous ne commençâmes à être moins malheureux que quand des lois et des magistrats, par une suite des premières conventions, se servant tour à tour des châtiments et des récompenses, commencèrent à réprimer quelques passions, et à mettre en honneur quelques vertus. Suivez les fastes de la Grèce, et vous verrez toujours les peuples plus ou moins heureux suivant que la politique, plus ou moins habile, a rendu les mœurs plus ou moins honnêtes. Cent de nos villes ont été déchirées par des divisions intestines ; recherchez-en les causes, et vous verrez constamment que quelque passion enhardie par l'espérance du succès ou l'impunité, a rompu le frein trop faible qui la retenait. Vous compterez toujours nos calamités par le nombre de nos vices. Nous savons les maux qu'ont produits les passions d'un Périclès, d'un Cléon, d'un Alcibiade ; je puis vous les citer. Mais vous, citez-moi ceux qu'ont faits les vertus de Miltiade, d'Aristide et de Cimon. Mille tyrans ont autrefois usurpé la souveraineté dans les républiques ; en auraient-ils osé former le projet si leurs concitoyens, déjà esclaves de leurs passions, n'avaient été préparés à sacrifier leur patrie et leur liberté à leur vengeance et à leur avarice ?

« Mais nous, Aristias, mais nous, pourquoi sommes-nous aujourd'hui si différents de nos pères ? pourquoi tombons-nous dans le mépris ? pourquoi ne sommes-nous plus heureux ? N'en accusez pas, avec les sophistes, une fortune aveugle, qui n'existe point, ne vous en prenez qu'au changement qui s'est fait dans nos mœurs. La soif de l'argent qui nous dévore a étouffé l'amour de la patrie. Le luxe du citoyen refuse tout aux devoirs de l'humanité. Les plaisirs, l'oisiveté, la mollesse, mille autres vices ont avili nos âmes. Quel Trasybule nous délivrera de ces tyrans plus implacables que Critias (1) ? Rendez-nous les vertus de ces Athéniens qui ont vaincu Xerxès ; rendez à tous les Grecs leur première tempérance et leur justice, et vous

---

(1) Critias était un des trente tyrans que Lysandre établit à Athènes. Il fut plus cruel que ses collègues. Il porta cette loi ridicule, par laquelle il était défendu d'enseigner dans Athènes l'art de raisonner.

nous rendrez en même temps notre ancienne union et les forces qui ont conservé notre liberté. Dès que les Grecs seront vertueux, ils regarderont encore la Grèce entière comme leur patrie commune. Philippe, qui nous brave et médite notre asservissement en armant nos vices contre nous-mêmes, tremblerait au nom de la Grèce, ou plutôt nous regarderait encore comme les protecteurs de son royaume.

« Tel est l'ordre établi dans les choses humaines, mon cher Aristias, que la prospérité des Etats est la récompense certaine et constante de leurs vertus, et l'adversité le châtiment infaillible de leurs vices. L'histoire des siècles passés instruit le nôtre de cette vérité, et nous servirons à notre tour de leçon à nos neveux. Examinez ces révolutions qui ont détruit tant d'empires; ce sont autant de voix par lesquelles la Providence crie aux hommes : « Défiez-vous de vos passions, « elles ne vous flattent que pour vous trom- « per, elles vous promettent le bonheur. Mais « si vous prêtez l'oreille à leurs mensonges, « elles deviendront vos bourreaux, elles vous « conduiront à la servitude; un tyran do- « mestique ou un vainqueur étranger ser- « vira d'instrument à votre punition. »

« Allez, mon cher Aristias, lui dit Phocion en l'embrassant, méditez les grandes vérités que je viens de vous exposer, et dites-vous à vous-même tout ce que je pourrais ajouter aux premières réflexions qui se sont présentées à mon esprit. Puisque, en nous donnant un désir insatiable de bonheur, la nature nous a tracé une route pour y arriver, ne dites plus, avec les sophistes, qu'elle est notre marâtre et que nous sommes condamnés à subir le sort de Tantale. Imposez silence à vos passions pour interroger votre raison, et elle vous apprendra tous les devoirs de l'homme. Vous connaîtrez notre destination, et vous verrez que la politique ne nous égare que quand elle se prostitue au service des passions. Vous êtes meilleur, Aristias, que vous ne croyez; il n'est pas possible que vous soyez longtemps dans l'erreur. Les opinions de nos sophistes ont pu, par je ne sais quel air de nouveauté ou d'audace, surprendre votre imagination, mais vous touchez à cet âge où l'on a déjà assez d'expérience pour commencer à se défier de ses passions, et on apprend bientôt à les vaincre, ou du moins à les combattre, quand on n'a pas le cœur corrompu. »

« Vous voyez, me dit Phocion après qu'Aristias fut sorti, de quelle doctrine on empoisonne l'esprit de nos jeunes gens. A peine ont-ils découvert que tout n'est pas vrai, qu'ils croient ridiculement que tout est faux. Enivrés d'orgueil, ils font main basse sur tout ce qui se présente. Dans leur accès de philosophie, ces petits héros mesurent la grandeur de leurs prétendus triomphes à l'importance des vérités qu'ils osent attaquer. Assez sots pour fermer les yeux à l'évidence et douter imperturbablement de tout, ils croient avoir tout détruit ou persuader aux ignorants qu'ils ont tout examiné. Quand on cherche à étouffer la voix et l'autorité de la raison, quand on veut la rendre l'esclave des passions, quelle sûreté, quel lien peut-il y avoir entre les hommes? Que voulez-vous que la république espère des citoyens et des magistrats? Elle touche au moment de sa ruine. »

« Aristias changera, ajouta Phocion, je vous le prédis. C'est un bon augure que ce silence modeste qu'il a gardé pendant que je l'avertissais de ses erreurs; il n'a pas de vice qui

les lui rende chères. Il me semble que son
cœur s'est ouvert à mes instructions. Plus
étourdi, plus vain, plus présomptueux que
méchant, il se rendra aux lumières de la raison, et plût aux dieux que tous nos Athéniens
lui ressemblassent ! »

SECOND ENTRETIEN

—

Phocion ne s'est point trompé, mon cher Cléophane. Ses paroles, comme un trait de flamme, avaient porté la lumière dans l'esprit d'Aristias. Ce jeune homme vint hier chez moi, il était embarrassé en m'abordant; il n'osait presque pas me regarder.

« Que Phocion est sage ! me dit-il en rompant le silence, je m'égarais, et ses discours ont fait revivre dans mon cœur un goût pour la vertu que je travaillais malheureusement à détruire. Qu'il m'a paru éclairé, quoiqu'il humiliât mon amour-propre ! Que je crains de lui paraître aussi méprisable que je me le parais à moi-même ! Depuis que je l'ai vu, je n'ai été occupé qu'à méditer sa doctrine. Je m'étonne à la fois de ma témérité de vouloir tout savoir et de la faiblesse avec laquelle j'ai été la dupe de quelques sophismes. En commençant à me connaître, je commence à goûter une sorte de tranquillité qui, je crois, n'accompagne jamais l'erreur. Je brûle d'impatience de revoir Phocion, et je crains de me présenter devant lui ; je crains qu'il ne me trouve pas encore digne de l'écouter.

— Aristias, lui répondis-je, les sophistes s'irritent quand on ose attaquer leurs opinions ; c'est que l'avarice les fait parler. Ils craignent que leurs leçons, dont ils font un trafic mercenaire, ne soient décriées. Mais un philosophe n'a d'autre intérêt que celui de la vérité, et il sait trop combien elle nous est étrangère pour n'être pas indulgent. Phocion, je vous en réponds, pardonnera à votre âge de vous être laissé tromper par les sophistes et par les passions, bien plus habiles qu'eux. Il vous saura gré de votre repentir, et peut-être même de vos erreurs, puisque vous les abjurez, car il est toujours beau de se corriger. Venez, Aristias, venez apprendre avec moi de nouvelles vérités, et veuillent les dieux les rendre utiles à la république ! »

« Jouissez de votre victoire, dis-je à Phocion en l'abordant, voici Aristias ; vous l'avez rendu à la raison dans un âge où l'on se fait un mérite de ne la pas consulter. »

La présence d'un homme vertueux a-t-elle donc, mon cher Cléophane, le même pouvoir que les autels des dieux, qui rassurent les suppliants qui en approchent ? Aristias n'eut plus qu'un embarras. Il assura Phocion qu'il rendait à la raison toute sa dignité et tous ses droits.

« C'est une étrange folie, dit-il, d'oser usurper le nom de philosophe en même temps qu'on se ravale à la condition des animaux, et de prétendre raisonner en soutenant qu'il n'y a point de raison. J'ai quelque peine à comprendre par quels écarts j'étais venu à croire qu'il est sage d'obéir à des passions dont une expérience journalière nous fait connaître l'emportement, les caprices et l'injustice. Le bonheur est sans doute compagnon de l'ordre et de la paix, et les passions, même ennemies les unes des autres, sont dans un état perpétuel de guerre. Quels biens puis-je en attendre? Quels maux au contraire ne dois-je pas en craindre si ma raison ne se rend leur médiatrice, leur arbitre et leur juge? Je me suis rappelé ces courts moments de ma vie où je n'ai obéi qu'à ma raison, et j'ai goûté une sorte de volupté supérieure à celle que donnent les sens. J'ai comparé ces instants à ces jours d'erreurs où mes passions me gouvernent; ma mémoire ne m'a représenté que des plaisirs accompagnés de trouble, d'inquiétude et de repentir; mon cœur ne s'est point ouvert à ce souvenir. J'ai jeté les yeux sur un plus grand théâtre, et j'ai vu les passions, comme autant de furies, porter la désolation dans toute la terre, changer les magistrats en ennemis de la société, fouler aux pieds les lois les plus saintes de l'humanité, et détruire dans un instant les empires les plus formidables. J'ai interrogé ma raison, j'entrevois la vérité, je crois être sur le chemin qui y conduit; mais mes égarements passés m'ont appris à me défier de moi. Je n'ose, Phocion, marcher sans votre secours; je n'ose entrer seul dans le sanctuaire de cette politique sublime, qui n'a d'autre instrument ni d'autre appui que la vertu; je craindrais de le profaner. Soyez mon guide et me donnez un esprit tout nouveau.

— Aristias, mon cher Aristias, lui répondit Phocion après l'avoir tendrement embrassé, vos progrès sont plus rapides que je n'aurais osé l'espérer. Vous avez eu le courage d'arracher aux passions le masque dont elles se couvrent, et qui nous trompe; il n'est plus de vérité dont la découverte vous soit interdite. Vous êtes persuadé que la raison est l'organe par lequel l'auteur de la nature nous fait connaître ses volontés; vous êtes persuadé qu'elle seule peut nous conduire au bonheur. Pensez donc, mon cher Aristias, que la politique doit être le ministre et le coopérateur de la Providence parmi les hommes, et que rien n'est plus méprisable que cet art illusoire qui en emprunte le nom, qui n'a de règle que les préjugés publics et les passions de la multitude, qui n'emploie que la ruse, l'injustice et la force, et qui, se flattant de réussir par des voies contraires à l'ordre éternel des choses, voit s'évanouir entre ses mains le bonheur qu'elle croyait posséder. L'esclave qui cultive nos champs est plus sage que nos législateurs. Pour recueillir d'abondantes moissons, il a étudié la culture qu'exige la terre; il a observé quelles saisons elle a destinées à la production de chaque fruit, et il ne tente jamais d'en changer l'ordre. Que la politique, après avoir pénétré dans les secrets de la nature sur la destination de la société et les causes de son bonheur, suive constamment cet exemple. Dès qu'elle sera assez prudente pour ne pas se croire plus habile que la nature, elle fera sa principale étude de la morale, qui enseigne à distinguer les vertus véritables de celles qui n'en ont que le nom, et que les préjugés, l'ignorance et la mode ont imaginées. Que son premier soin soit d'épurer sans cesse la morale. En donnant une attention particulière aux vertus qui sont les plus nécessaires à la société, son principal objet doit être de prendre les mesures les plus efficaces pour empêcher que les passions ne sortent victorieuses du combat éternel que notre raison est condamnée à soutenir contre elles. Son but, en un mot, est de tenir les passions courbées sous le joug, et, en affermissant l'empire de la raison, de donner, pour ainsi dire, des ailes aux vertus. Entrons dans le détail des vertus que la politique doit cultiver; mais répondez-moi d'abord, Aristias. Quand vous achetez un esclave, vous importe-t-il peu qu'il soit gourmand, paresseux, fripon, menteur, ou qu'il ait les qualités opposées à ces vices ? Ne vous est-il pas avantageux que votre voisin soit juste, humain et bienfaisant ? Vous est-il égal que votre ami soit emporté dans ses goûts, débauché, injuste, crapuleux, ou qu'il soit attentif à remplir tous les devoirs d'un honnête homme ? Quand un mariage, que je vous souhaite heureux, vous aura élevé à la dignité de père de famille, vous sera-t-il indifférent que vos enfants contractent l'habitude du vice ou de la vertu, et que votre femme ait les mœurs d'une courtisane, ou soit chaste, modeste, retirée et économe ? »

« Je n'attends pas votre réponse, poursuivit Phocion, je la sais. Mais puisqu'une femme, des enfants, des amis, des voisins vertueux et des esclaves fidèles à leurs devoirs sont si propres à nous rendre heureux dans le sein de nos familles, où nous passons la plus grande partie de notre vie, pourquoi la politique négligerait-elle cette branche importante de notre bonheur ? Je n'ignore pas que, sous prétexte de je ne sais quelle élévation d'esprit, nos Athéniens, que je ne comprends pas, plaisantent aujourd'hui avec dédain des vertus domestiques. On dirait que ce n'est pas la peine d'être honnête homme, à moins que d'être un héros. Mais c'est parce que la corruption qui règne dans le sein de nos maisons nous rend incapables de pratiquer les vertus domestiques que nous avons pris le parti de les mépriser. La modestie dans les mœurs nous paraît bassesse ou rusticité. Nous voulons que nos maisons soient une espèce d'asile où la loi n'ose point entrer pour nous instruire de nos devoirs; et cependant, c'est dans le sein des familles que des pères tendres et prudents ont donné le premier modèle des lois et de la société. Nous disons que c'est dégrader les magistrats que de les occuper de nos soins domestiques; mais en effet nous ne voulons qu'avoir impunément de mauvaises mœurs. Dégoûtés de la simplicité de nos pères, nous voulons du faste et de l'élégance jusque dans les vertus. Que c'est bien mal connaître leur nature et le lien qui les unit les unes aux autres! Je ne crois pas aisément aux qualités sublimes de ces héros à qui il faut un grand théâtre et des foules de spectateurs. Ce n'est que par l'exercice des vertus domestiques qu'un peuple se prépare à la pratique des vertus publiques. Qui ne sait être ni mari, ni père, ni voisin, ni ami, ne saura pas être citoyen. Les mœurs domestiques décident à la fin des mœurs publiques. Penserez-vous, Aristias, que des hommes accoutumés à obéir à leurs passions dans le sein de leur famille, et sans vertu les uns à l'égard des autres dans le cours ordinaire de la vie, prendront subitement un nouveau génie et de nouvelles habitudes en entrant dans la place publique et dans le sénat, ou que leurs passions et leurs vices n'oseront les inspirer quand il s'agira de délibérer sur les intérêts de la république et de décider de son sort? Lycurgue, moins présomptueux que nos sophistes et nos orateurs, ne l'espérait pas; aussi eut-il une attention particulière à former les mœurs domestiques des Spartiates. Il porta plus de lois pour faire d'honnêtes gens que pour régler la forme du sénat et la police des assemblées de la place publique. Il savait que des hommes vertueux vont, comme par instinct, au-devant de leurs devoirs, et qu'ils auront toujours de bons magistrats. Par quel prodige en effet une république verrait-elle une suite d'hommes de bien à la tête de ses affaires si elle ne commençait pas par avoir pour citoyens des hommes accoutumés à pratiquer les devoirs de la vie privée? Il faut qu'un peuple sache estimer la vertu pour donner à ses magistrats le courage et la constance nécessaires dans l'exercice de leurs fonctions? Il doit aimer la justice pour désirer un magistrat toujours juste, toujours ferme, toujours aussi inflexible que la loi. Des citoyens corrompus le redouteraient, sa probité leur serait à charge. Ils lui préféreront un Cléon qui flatte leurs vices, dont le cœur est ouvert à l'intérêt, et dont la main, nonchalante et faible, laisse pencher inégalement la balance de la justice.

« Jugez, mon cher Aristias, de la doctrine que je vous expose par ce qui s'est passé de nos jours dans notre république. A peine Périclès (1) eut-il corrompu nos mœurs, en pré-

---

(1) L'abondance d'argent que les tributs des alliés portèrent à Athènes, le luxe qui en fut la suite, et les rétributions que Périclès fit payer au peuple pour assister aux spectacles et aux jugements de la place publique, voilà les principales causes de la corruption des mœurs des Athéniens. On ne parle plus que de fêtes et de plaisirs. L'estime accordée aux arts inutiles leur fit faire des progrès très-rapides. Les Athéniens, ne se piquant plus que de goût, d'élégance et de recherches, regardèrent leurs pères comme des hommes grossiers, et ne songèrent plus à en avoir les vertus. Platon peint admirablement, dans sa *République*, liv. VIII, les progrès, et, si je puis parler ainsi, la génération des vices dans une ville qui possède

tendant les polir; à peine commençâmes-nous à nous piquer de recherche dans les arts inutiles, de somptuosité dans nos spectacles, de magnificence dans nos meubles, de délicatesse sur nos tables; à peine les courtisanes, autrefois méprisées, à présent les arbitres du goût, des vertus et des agréments, eurent-elles ouvert à nos jeunes gens une école de galanterie et d'oisiveté; à peine, en un mot, avons-nous estimé la volupté, l'élégance, les richesses, et respecté les grandes fortunes, que nous en avons été punis en voyant les grâces, le faste, le luxe et les richesses tenir lieu de talents, et devenir autant de titres pour s'élever aux magistratures. Quelle république aurait pu résister aux hommes méprisables qui ont succédé à Périclès? Des voluptueux, des étourdis, des avares, etc., n'ont vu dans l'administration dont ils étaient chargés que le pouvoir de satisfaire plus aisément leurs passions. Ne craignant ni les regards, ni le

des richesses superflues : « *Ærarium illud cujusque aura plenum perdit rempublicam. Nam primum quidem novos sumptus reperiunt, et ad leges deducunt, quibus neque ipsi, neque mulieres ipsorum obtemperant... Deinde alter alterius exemplo et æmulatione perditi multi tandem tales evadunt... Hinc igitur effusius ad pecunias cumulandas delapsi, quanto hoc pretiosis æstimant, tanto virtutem existimant viliorem. An non ita virtus à divitiis discrepat, quasi utrâque in lance strateræ sint positæ, semper in contrariam partem declinent?... Quando igitur in civitate divitiæ ac divites honorantur, virtus probique viri despiciuntur... Incendunturque ad ea studia omnes quæ in honore sunt, eaque frequentant : quæ vero nullo honore censentur, apud quosque jacere solent... Ita ex victoriæ honorisque cupidis, quæstus et pecuniarum avidi tantum efficiuntur, et divites quidem viros laudant et admirantur, et ad magistratus evehunt, pauperes verò despiciunt.* »

jugement d'une multitude aussi vicieuse qu'eux, devaient-ils se gêner pour faire le bien? Ils ne s'étudièrent, dans les conjectures difficiles, qu'à éblouir et duper les spectateurs. Ne gouvernant que par des cabales et des intrigues, ils ne cherchèrent qu'à rendre les lois souples et dociles à leur désir. Ils eurent tout au plus l'adresse ou la complaisance, pour ménager un reste de citoyens vertueux, de faire une ou deux actions honnêtes avec éclat et appareil, afin de pouvoir être impunément injustes à l'abri d'une bonne réputation usurpée.

« Concluez, Aristias, qu'il n'y a point de petite vertu aux yeux de la politique, et qu'elle ne peut sans péril en négliger aucune. Ajoutons même que les lois les plus essentielles au bonheur et à la sûreté des États, ce sont celles qui regardent le détail des mœurs. Je vous l'avouerai, je ne comprends point ce que nos sophistes pensent ou imaginent en parlant de bon et de mauvais gouvernement, si par ces mots ils ne veulent faire entendre des formes de police qui, étant plus ou moins propres à réprimer les passions des magistrats et des citoyens, rendent l'empire des lois plus ou moins solide. J'ai souvent entendu raisonner Platon sur cette matière. Il blâmait la monarchie (1), la pure aristocratie et

---

(1) Ce que Phocion dit ici de Platon est très-conforme à la doctrine que ce philosophe établit dans son *Traité des lois*, liv. IV. Il se déclare pour le gouvernement de Crète et de Sparte : « *Veræ enim* », répond-il à Clinias, Crétois, et à Magillus, Lacédémonien, qui, lui ayant rendu compte de l'administration de leurs républiques, ne savaient dans quelle classe de gouvernement les ranger, « *veræ enim, diviri optimi, reipublicæ vos participes estis : quæ autem modo nominatæ sunt (aristocratia, democratia et monarchia) non res-*

le gouvernement populaire. « Jamais, disait-
« il, les lois ne sont en sûreté sous ces admi-
« nistrations qui laissent une carrière trop
« libre aux passions. » Il craignait le pouvoir
d'un prince, qui, seul législteur, juge seul de
la justice de ses lois. Il était effrayé, dans

publicæ, sed urbium habitationes quædam sunt, in quibus pars una servit alteri dominanti. » Il dit encore dans le même ouvrage, liv. VIII : « *Nulla certé potestas hujusmodi, respublica est, sed seditiones appellari omnes rectissimé possunt. Nulla enim volentibus volens, sed volens volentibus semper vi aliqua dominatur.* »

Tous les philosophes anciens ont pensé comme Platon, et les hommes d'État les plus célèbres ont toujours voulu établir dans leurs villes une police mixte, qui, en affermissant l'empire des lois sur les magistrats et l'empire des magistrats sur les citoyens, réunit les avantages des trois gouvernements ordinaires et n'eût aucun de leurs vices. A l'exception des Spartiates, les Grecs, légers, inconstants et jaloux de leur indépendance jusqu'à craindre le joug des lois, sans lesquelles cependant il n'y a point de liberté, ne pouvaient s'accommoder que de la pure démocratie. Non-seulement l'assemblée du peuple possédait dans toutes les républiques la puissance législative, mais il était rare qu'elle laissât aux magistrats la liberté d'exercer les fonctions dont ils étaient chargés. L'autorité du peuple, à Athènes, ne connaissait point de bornes. Les magistrats n'y avaient qu'un vain nom. Les ordres du sénat étaient éludés, ses décrets et ses jugements étaient cassés s'ils n'avaient pas l'art de se conformer au goût du public.

Demander quel est le meilleur gouvernement de la monarchie, de l'aristocratie ou de la démocratie, c'est demander quels plus grands ou quels moindres maux peuvent produire les passions d'un prince, d'un sénat ou celles de la multitude. Demander si un gouvernement mixte est meilleur qu'un autre gouvernement, c'est demander si les passions sont aussi sages, aussi justes, aussi modérées que les lois.

l'aristocratie, de l'orgueil et de l'avarice des grands, qui, croyant que tout leur est dû, sacrifieront sans scrupule les intérêts de la société à leurs avantages particuliers. Il redoutait, dans la pure démocratie, les caprices d'une multitude toujours aveugle, toujours extrême dans ses désirs, et qui condamnera demain avec emportement ce qu'elle approuve aujourd'hui avec enthousiasme.

« Ce grand homme, poursuivit Phocion, voulait que, par un mélange habile de tous ces gouvernements, la puissance publique fût partagée en différentes parties propres à s'imposer, se balancer et se tempérer réciproquement.

« Mais il ne s'en tenait pas là, mon cher Aristias; le disciple de Socrate connaissait trop bien les hommes pour penser que le gouvernement dont toutes les parties seraient combinées avec le plus de sagesse pût se soutenir sans le secours des mœurs domestiques. Lisez sa *République*; voyez avec quelle vigilance il cherche à se rendre le maître des passions, et la règle austère à laquelle il soumet la vertu. Peut-être a-t-il passé les bornes de la prudence; mais cet excès même de précautions prouve combien il croyait les mœurs nécessaires à la conservation de son gouvernement. En effet, à quoi servirait de donner la constitution la plus sage à des hommes corrompus dont on ne corrigerait pas d'abord les vices? Lacédémone, en sortant des mains de Lycurgue, eut un gouvernement tel que le désire Platon. Les deux rois, le sénat et le peuple, revêtus d'une autorité différente, formaient une constitution mixte, dont toutes les branches se tenaient mutuellement en respect par l'espèce de censure qu'elles exerçaient les unes sur les autres. Quelque admirables que soient les proportions de ce gouvernement, il n'écarta cependant de Sparte les cabales, les partis, les troubles, les désordres qui ont perdu les autres républiques de la Grèce, qu'autant qu'il fut attentif à maintenir en vigueur les lois que Lycurgue avait faites pour les mœurs. Dès que Lysandre, en portant dans sa patrie les tributs et les dépouilles des vaincus, y eut développé les germes de cupidité jusqu'alors étouffés, l'avarice se glissa sourdement avec les richesses dans les maisons des Spartiates. La simplicité de leurs pères, d'abord moins agréable, leur parut bientôt trop grossière. Un vice n'est jamais seul dans une république, il en produit cent autres. Peu à peu les vertus et les talents perdirent autant de leur crédit que les richesses en acquirent. A mesure que les Spartiates apprenaient à jouir de leur fortune, ils se persuadèrent que les richesses pourraient tenir lieu de mérite, et dès lors elles commencèrent à donner quelque considération à leurs possesseurs. La pauvreté fut enfin méprisée, et dès qu'il fut nécessaire d'acquérir des richesses, les Spartiates, occupés de leurs affaires domestiques, ne donnèrent plus toute leur attention aux intérêts de la république. Les passions, alors enhardies, relâchèrent les ressorts du gouvernement, et il lui fut impossible de les réprimer, parce qu'il avait eu l'imprudence de les laisser naître. Les riches, tourmentés par la crainte qu'on ne les dépouillât de leurs richesses, se révoltèrent contre le partage de l'autorité établi par Lycurgue, et voulurent être tout-puissants pour être en état de défendre leur fortune. Le peuple, de son côté, tantôt rampant et tantôt insolent, n'eut plus que des éphores dignes de lui. En vain tenterait-on aujourd'hui d'arrêter les désordres de Lacédémone en rappelant les lois qui fixaient

les bornes de la puissance des rois, des sénateurs et du peuple. A quoi serviraient des lois
méprisées par les mœurs publiques et aux-
quelles l'ambition et l'avarice ne peuvent
plus obéir? Le vice les a énervées, la pratique
de la vertu peut seule leur rendre leur force.
Si on ne se hâte, mon cher Aristias, de réparer et d'étayer par la tempérance et la frugalité les restes d'un gouvernement ébranlé par
la licence des passions, soyez sûr que ces rois,
ces sénateurs, ces éphores, autrefois si généreux, si sages et si magnanimes dans l'exercice de leur autorité, se lasseront bientôt de
cette sorte de modération qu'ils affectent encore malgré eux, et cesseront d'être magistrats pour devenir les oppresseurs d'une république qui se déchirera, par ses querelles
domestiques (1), jusqu'à ce qu'elle devienne
la proie d'un ennemi étranger. »

(1) Ce que Phocion prévoyait arriva. Lacédémone, en
proie aux mêmes désordres et aux mêmes malheurs que
les autres villes de la Grèce, éprouva mille révolutions jusqu'à l'extinction des deux branches de ses rois légitimes ;
et on peut dire qu'elle fut gouvernée tour à tour, et souvent à la fois, par les passions de ses rois, de son sénat,
des éphores et de la multitude. Des tyrans s'emparèrent
de l'autorité, et les Lacédémoniens, aussi méprisés au dehors que malheureux au dedans, éprouvèrent enfin le même
sort que les autres Grecs qui furent soumis à la domination
romaine.

La fortune des Romains est encore une preuve très-forte
de la vérité que Phocion enseigne ici à Aristias, c'est-à-
dire du pouvoir des bonnes mœurs. En effet, elles contri-
buèrent plus que tout le reste à empêcher que les querelles qui s'élevèrent entre les patriciens et les plébéiens,
après l'exil des Tarquins, ne perdissent la république
naissante en la portant à des violences extrêmes. Ces querelles mêmes, secondées par des bonnes mœurs, établirent

« Voulez-vous, mon cher Aristias, poursuivit Phocion, un second exemple de la puissance des mœurs? Transportez-vous en Egypte, et vous verrez que si leur décadence a rendu inutile dans Lacédémone le sage gouvernement de Lycurgue, leur sainte austérité a autrefois purifié jusqu'au despotisme même. Les rois d'Egypte n'avaient que les dieux au-dessus d'eux, et ils partageaient en quelque

à Rome un gouvernement mixte, dont les proportions étaient à peu près les mêmes que celles du gouvernement de Lacédémone. Tant que les mœurs conservèrent leur autorité, les Romains montrèrent de la justice et de la modération dans leurs différends, et le partage de la puissance publique entre les consuls, le sénat, les tribuns et le peuple subsista dans ce point d'égalité propre à rendre la république heureuse et florissante. Dès que Rome fut corrompue par l'orgueil de ses victoires et les richesses des peuples qu'elle avait vaincus, ses vices, plus forts que ses censeurs, leur imposèrent silence. Ces magistrats exercèrent d'abord leurs fonctions avec des ménagements; ils tremblèrent enfin, et dès lors les passions, sans frein, anéantirent la puissance publique. Les lois ne pouvaient se faire respecter par des magistrats et par des citoyens qui se croyaient tout permis pour satisfaire leur avarice et leur ambition; présage infaillible des guerres civiles par lesquelles les Romains allaient se déchirer, ni qui devaient les soumettre à des empereurs que l'histoire nous peint comme autant de monstres. Il n'y eut plus de vertu dans l'empire romain, et il devint la proie des barbares.

Plus on y réfléchira, plus on sera persuadé que la liberté sans mœurs dégénère en licence, et que la licence produit nécessairement la tyrannie domestique ou l'asservissement à une puissance étrangère. Un auteur célèbre a dit que la monarchie pouvait se passer de vertu et gouverner par l'honneur. Mais quand il explique ce qu'il entend par l'honneur, on voit qu'il entend la vertu ou qu'il n'entend rien du tout.

sorte avec eux l'hommage de leurs sujets. Leurs ordres étaient autant de lois sacrées et inviolables, et tout devait se prosterner en silence devant leur trône. Quelque terrible que dût être ce pouvoir sans bornes entre les mains d'un homme, les Égyptiens n'en éprouvèrent aucun effet funeste, parce qu'ils avaient des mœurs et en donnèrent à leur maître. Il n'était point permis à ces monarques tout-puissants d'être avares, oisifs, prodigues ou voluptueux. Tous les moments de leur journée étaient remplis par quelque devoir. A peine avaient-ils sacrifié aux dieux et médité dans le temple sur quelque vérité des livres sacrés qu'ils étaient arrachés à eux-mêmes. Il fallait écouter les plaintes des malheureux, juger les procès de leurs sujets, tenir des conseils et expédier des ordres dans les provinces pour y prévenir quelque abus ou y former quelque établissement avantageux. Jusqu'aux délassements et aux besoins de l'humanité, tout était prescrit par les lois. Le bain, la promenade, les repas avaient des heures marquées. La table était un autel élevé à la frugalité; on y mesurait le vin; jamais on n'y servait que deux mets, et toujours les mêmes. Dans le palais, aucun faste n'insultait à la condition des sujets et n'inspirait de l'orgueil au maître.

« L'amour, enfin, cette passion, Aristias, trop souvent si impérieuse, si puérile, si emportée, si molle, n'était qu'un simple délassement après le travail; c'était la loi qui fermait et ouvrait l'appartement de la reine au prince. C'est ainsi que les Égyptiens firent leur bonheur. Leur pays ne renfermait, pour ainsi dire, qu'une nombreuse famille, dont le monarque était le père. Le prince, toujours roi, n'avait pas le temps d'être homme. L'ordre constant et périodique de ses occupa-

tions accoutumait son esprit à la règle, et
tenait lieu de tout l'art que nous employons,
souvent inutilement, pour empêcher que nos
magistrats n'abusent de l'autorité qui leur
est confiée. Les passions étaient étouffées
dans le cœur du maître; et, ne pouvant désirer et vouloir que le bien, il importait peu
aux Egyptiens d'avoir cette liberté dont nous
sommes si jaloux. Les lois, toujours justes et
impartiales, quoique faites par un seul homme, étaient également aimées et respectées
par tous les ordres de l'Etat. C'est ainsi que,
malgré le despotisme, les bonnes mœurs ren-
dirent l'Egypte heureuse, et nos anciens philosophes l'ont regardée comme le berceau de
la sagesse.

— Je dévore vos discours, s'écria Aristias;
je me sens entraîné par la force de vos raisons. Sans doute c'est profaner la politique,
qui doit rendre les sociétés heureuses et flo-
rissantes, que d'en donner le nom à ce petit
manége, toujours incertain, de ruse, d'intrigue et de fourberie, que je regardais comme
un grand art, et qui n'a été en effet imaginé
que par des ignorants incapables de s'élever
à de plus hautes idées ou par de mauvais citoyens qui ne regardaient dans l'administration de la république que le malheureux avantage de satisfaire eux-mêmes leur ambition
et leur avarice. Sans doute que les mœurs
doivent servir de base à la loi, et que sans
leur secours le législateur n'élèvera jamais
qu'un édifice chancelant, et prêt à s'écrouler. »

« Mais, vous l'avouerai-je, Phocion? continua Aristias en baissant la vue et d'un ton
affligé; dans le moment même que je cède à
l'évidence de vos raisonnements, mes anciens préjugés semblent se révolter contre
ma raison. L'Egypte, autrefois vertueuse, a
été heureuse, et Lacédémone n'a perdu sa

prospérité qu'en perdant ses mœurs. Sans doute il est digne de la sagesse de l'auteur de la nature que le bonheur soit le prix de la vertu et l'adversité la campagne du vice. Tel est l'ordre le plus ordinaire; mais n'est-il point d'exception à ces lois générales? Celui qui les a portées, pour des raisons qu'il serait téméraire de vouloir pénétrer, n'y déroge-t-il jamais? N'a-t-on pas vu quelquefois des empires élever leur fortune sur l'injustice et fleurir par des moyens que la morale réprouve? Quelle vertu ont les Perses, qui dominent sur l'Asie entière? Il me semble que Philippe, à qui tout réussit, n'a guère plus de vertu que nous qui tombons en décadence; il me semble que tous les jours des intrigants, à force de lâchetés et de scélératesse, enlèvent à des hommes de bien la récompense qui n'est due qu'à la probité. Pourquoi, par les mêmes voies, des États ne pourraient-ils donc pas obtenir les mêmes succès? Nous avons vu des tyrans usurper dans leur ville la souveraineté, jouir de leur vol, et mourir tranquillement dans leur lit. Socrate, au contraire, n'a possédé aucune de nos magistratures, et il a trouvé des juges qui l'ont condamné à boire la ciguë.

« Ah! Phocion, Phocion! quel spectacle scandaleux ne nous présente pas quelquefois l'histoire du bonheur et du malheur des hommes!

— Prenez-y garde, mon Aristias, lui répondit Phocion, ce n'est pas votre raison, ce sont vos passions qui viennent de parler. C'est parce que vous confondez encore les dignités, les richesses, l'éclat, le pouvoir avec le bonheur, que vous voudriez qu'ils fussent la récompense de la vertu; mais ils ne peuvent tout au plus procurer qu'un plaisir passager, tel que le donnent les caresses trompeuses d'une courtisane, et des plaisirs passagers ne sont pas le bonheur. Vous voyez tous les jours des hommes méprisables qui parviennent aux premières magistratures; mais soyez sûr qu'elles ne sont un bien que pour l'homme vertueux qui se dévoue à sa patrie, qui est assez habile pour la rendre heureuse, ou qui du moins a tout tenté pour y réussir. Le bonheur dans chaque individu, c'est la paix de l'âme, et cette paix naît du témoignage qu'il se rend de se conduire par les règles de la justice. Ces tyrans, ces ambitieux, dont la multitude admire la prospérité, gémissent en secret sous le poids de l'administration à laquelle ils ont la lâcheté insensée de ne pouvoir renoncer. Que ne pouvez-vous lire dans leur cœur déchiré par la crainte, l'envie, la haine, l'avarice et les remords !

« Mon cher Aristias, que cette apparence de prospérité, qui n'environne que trop souvent le vice, ne vous scandalise pas. L'élévation des méchants, faisant à la fois leur châtiment et celui des peuples qu'ils gouvernent et qui les élèvent, est au contraire une nouvelle preuve que le bonheur n'est attaché qu'à la vertu. Vous me citez Socrate; mais ce verre de ciguë qui déshonora éternellement vos pères, ne troubla point son repos. Les scélérats qui voulaient le perdre étaient incertains du succès de leurs calomnies, et il était sûr de son innocence. Puisqu'il ne fit aucune plainte, aucune sollicitation, et qu'il refusa de se soustraire par la fuite à la haine de ses ennemis, comment pourrait-on le soupçonner d'avoir été inquiet sur le jugement qu'il attendait ? Pendant les trente jours qui s'écoulèrent depuis qu'on lui prononça sa sentence (1) jusqu'au moment de l'exécution

(1) La cause de ce long délai, dit M. Charpentier dans

il continua à instruire ses disciples. Il leur parla de l'immortalité de l'âme et du bonheur attaché à la vertu. Les yeux les plus perçants ne virent point qu'il fît quelque effort pour être ou paraître tranquille, et qu'il soupçonnât que sa prison et sa mort fussent une objection contre sa doctrine. Il regarda la mort comme nous voyons le coucher du soleil et l'approche du sommeil; il remercia les dieux de lui donner une fin qui lui épargnait les infirmités de la vieillesse et les angoisses douloureuses de l'agonie. C'est Athènes seule qui était malheureuse; et quelle longue suite de calamités ne pouvait-on pas prédire à une ville assez aveugle et assez corrompue pour punir la vertu de Socrate du dernier supplice. »

« A l'égard de la prospérité des Etats, je conviens, poursuivit Phocion, qu'il s'est formé de grands empires par des moyens que la morale désavoue; mais répondez-moi, ces Etats, quoique injustes, ambitieux et sans foi, n'étaient-ils pas moins abandonnés aux voluptés, à la paresse et à l'amour des richesses que les peuples qu'ils ont soumis? N'étaient-ils pas plus exercés au courage et à la discipline? N'avaient-ils pas moins d'indifférence pour leur patrie et plus d'amour pour

la *Vie de Socrate*, était que les Athéniens envoyaient tous les ans un vaisseau en l'île de Délos pour y faire quelques sacrifices, et il était de la religion de ne faire mourir personne dans la ville depuis que le prêtre d'Apollon avait couronné la poupe de ce vaisseau pour marque de son départ, jusqu'à ce que le même vaisseau fût de retour; si bien que, l'arrêt ayant été prononcé contre Socrate le lendemain que cette cérémonie s'était faite, il fallut en différer l'exécution pour trente jours qui s'écoulèrent dans ce voyage. »

la gloire ! Ce n'est point parce que Philippe a peu de vertu que nous le craignons, c'est parce que nous en avons encore moins que lui, et qu'il se sert de nos vices pour nous accabler. L'ambition, l'injustice, la ruse, la violence, peuvent sans doute former de grands empires, mais c'est parce qu'à ces vices on n'oppose que d'autres vices ; d'ailleurs, quel est l'avantage de cette grandeur usurpée ! Peut-elle faire la prospérité d'un État, puisqu'il est impossible de l'asseoir sur un fondement solide ? La politique, dupe d'un bonheur passager, et toujours suivi des revers les plus funestes, doit-elle donc sacrifier l'avenir au moment présent ?

« O mon cher Aristias ! si vous aimez votre patrie, que les dieux vous préservent de lui souhaiter des succès qui prépareraient sa décadence et sa ruine ! C'est pour avoir voulu usurper l'empire de la Grèce, que nous et les Spartiates sommes aujourd'hui à la veille de perdre notre liberté. La modération de nos villes les avait mises en état de repousser Xerxès, leur ambition va les soumettre à Philippe. De grandes provinces et de grandes richesses, quoi qu'en disent nos orateurs, ne contribuent ni au bonheur domestique des citoyens, ni à la sûreté de la république à l'égard des étrangers. Que sert aux Perses d'avoir conquis l'Asie entière ? En sont-ils plus libres ? Le sujet jouit-il avec plus de confiance de sa fortune depuis que le prince a monstrueusement augmenté la sienne ? Qu'un grand empire est faible, puisque Agésilas, avec une poignée de soldats, a porté la terreur jusque dans Babylone.

« Une autre fois je vous développerai les preuves de cette vérité ; mais dans ce moment contentez-vous de remarquer, Aristias, que, si l'Être protecteur de la vertu se sert quel-

quefois des vices d'un peuple pour en détruire
un plus vicieux, il ne manque jamais de briser l'instrument de sa vengeance après s'en
être servi. Ce n'est point par des miracles
qu'il agit, mais par une suite naturelle de
l'ordre qu'il a établi dans le gouvernement du
monde. Je ne hasarde point ici une conjecture
vaine et téméraire. Examinez avec moi le
choc, la marche, le concours des passions, le
mouvement réciproque qu'elles se communi-
quent, et vous en verrez résulter cet ordre
favorable à la morale. La trahison, la fourberie, la ruse, peuvent surprendre et tromper un État qui n'est pas précautionné contre
leurs piéges, et obtenir d'abord quelque
succès, mais leur succès même déchire le
voile sous lequel elles se cachaient, et la
mauvaise foi, en inspirant une défiance et
une haine générales, se trouve enfin elle-
même embarrassée dans les embûches qu'elle
dressait. Intimidée par la crainte qu'elle
a fait naître, dupe de ses propres finesses,
jamais elle ne peut prévoir tous les dangers dont elle est menacée, sans cesse elle
se précautionne contre des accidents chimériques. Marchant ainsi sans règle, elle ne
peut réussir que par hasard, et bientôt doit
nécessairement échouer. Ces sophistes (1),

(1) Ce que Phocion dit ici des sophistes de son temps,
on peut l'appliquer à Machiavel, qui, ne donnant dans son
Prince que des leçons de tyrannie, d'injustice et de fourberie, veut cependant que son disciple emprunte le masque de plusieurs vertus, et que, pour éviter d'être *haï* et
méprisé, il paraisse *clément, fidèle à sa parole, intègre* et
religieux. Mais Machiavel n'a pas fait attention que, quand
on occupe une grande place et qu'on manie des affaires
publiques, on ne paraît jamais que ce qu'on est véritablement. On pénètre, on voit, on juge sans peine un hy-

qui tâchent de réduire en art la perfidie, et qui nous étalent avec complaisance cent exemples d'injustices heureuses, se gardent bien de nous en faire connaître les suites funestes. Toujours vagues dans leurs discours, ils n'analysent jamais les causes des succès de l'injustice et de la mauvaise foi; jamais ils n'établiront le point fixe où, triomphant de tous les obstacles, elles sont sûres de réussir. La force de la vérité oblige au contraire les sophistes à se réfuter eux-mêmes. Ils ne peuvent se déguiser que les succès passagers de l'injustice ne préparent qu'un avenir malheureux. Pourquoi nous conseillent-ils d'éviter la haine et le mépris comme les deux écueils les plus funestes de la politique? N'est-ce pas convenir du danger des vices, reconnaître le prix de la vertu et avouer que ses opérations seules sont sûres? Si un peuple, au lieu de la ruse et de la fourberie, emploie la force et la violence contre ses voisins, il est impossible qu'il ne soit pas lui-même agité par la crainte qu'il inspire. En même temps qu'il augmente le nombre de ses ennemis, il devient suspect à ses alliés. En croyant se rendre puissant, il multiplie ses dangers et diminue ses forces. Plus heu-

pocrite au travers du masque dont il se couvre. On peut duper un homme d'esprit une fois, mais non pas deux. Les sots sont en général plus soupçonneux que les gens d'esprit, et quand ils ont été trompés, ils sont encore plus intraitables. Ils regardent celui dont ils ont été les dupes comme un fripon, et ils ne s'y fient pas même dans les occasions où il n'a aucun intérêt de leur tendre un piége. Que Machiavel dise que le pape Alexandre VI ne fit jamais autre chose que tromper, et que ses tromperies lui réussirent toujours, il ne persuadera personne et ne mérite pas d'être réfuté.

reux que plusieurs nations dont nous connaissons l'histoire, et qui se sont affaiblies et enfin ruinées à force d'efforts pour augmenter leur fortune, je veux qu'il ne succombe pas sous le poids des difficultés qui l'entourent, et que la résistance de ses ennemis aiguise au contraire son courage, ses forces et ses talents. Le moment fatal du succès arrive; il triomphe, mais le vainqueur périt au milieu de ses conquêtes.

« Remarquez-le, mon cher Aristias, c'est l'ambition, c'est l'avarice, déguisées sous le nom d'une fausse gloire, qui peuvent seules porter les hommes à être conquérants; et par quel prodige ces deux passions, qui n'ont pas craint de violer tous les droits humains et de verser des torrents de sang, useraient-elles avec prudence de la victoire, si capable d'enivrer les hommes les plus modérés. Sésostris, peu content de régner sur l'Egypte, fait violence à ces sages lois dont je vous parlais il n'y a qu'un moment; il médite la conquête de l'Asie, et rien ne résiste d'abord à ces Egyptiens sobres, laborieux, tempérants et courageux qu'il a armés pour servir son injuste ambition. Mais ses soldats victorieux prennent bientôt les vices et les mœurs des peuples vaincus. Ces hommes amollis par les voluptés et les richesses, rapportent dans leur patrie les dépouilles de l'Orient. Le peuple, étonné d'un spectacle qui développe en lui le germe de l'ambition et de l'avarice, se croit parvenu au comble de la gloire et de la prospérité; cependant la vertu, ébranlée dans tous les cœurs, est prête à les abandonner, et au milieu des chants d'allégresse et de triomphe, le châtiment de l'Egypte commence. Une négligence présomptueuse relâche les ressorts du gouvernement: tous les anciens établissements sont bientôt détruits par les passions. Les successeurs de Sésostris, esclaves d'une fortune qui les accablait, devinrent des tyrans voluptueux, et d'autant plus terribles que, affaiblis par la ruine des lois, ils ne se croient plus en sûreté. Ils craignirent des sujets que la mollesse, le faste, la pauvreté et les richesses avaient rendus à la fois lâches et insolents, et leur royaume, sans défense et troublé plutôt par des émeutes que par des révoltes, est destiné à devenir la proie du premier conquérant qui voudra s'en emparer. L'histoire nous offre mille exemples pareils. Les Mèdes, en asservissant les Assyriens, perdirent les mœurs et les lois qu'ils devaient à la sagesse de Déjocès; ils cessèrent d'être heureux par une trop grande prospérité, et préparèrent une conquête aisée aux Perses, qui à leur tour, amollis et corrompus aussitôt que vainqueurs, fondèrent un grand empire dont tout annonçait la décadence. Que de leçons pour la politique, si elle veut connaître ses devoirs.

« Vous parlerai-je, mon cher Aristias, des malheurs domestiques de la Grèce? Nos succès brillants pendant la guerre médique, où nous ne faisions que nous défendre, ont été capables de nous faire abandonner les vertus de nos pères; quels ravages ne doivent donc pas faire chez un peuple les succès d'une guerre entreprise par ambition et par avarice! L'époque de l'ambition et de la faiblesse d'Athènes est la même. Nous nous sommes perdus quand nous avons voulu nous rendre les maîtres de nos alliés, et Lacédémone, après nous avoir vaincus, n'a plus été en état de se défendre contre les Thébains. Philippe abuse aujourd'hui de nos divisions et de nos vices, il ne cherche qu'à nous subjuguer et nous asservir; mais voyez avec quelle adresse son ambition emprunte le masque de la modération, de la justice, de la bienfaisance même; c'est par là qu'il est véritablement redoutable. Il recueille dans la Macédoine les vertus fugitives qui nous abandonnent; il rend son peuple sobre, actif, patient, laborieux et brave. Que de vertus, qui, par l'emploi insensé que ce nouveau Sésostris en fait, ne procureront qu'un faux bonheur aux Macédoniens! Si ce prince avait l'âme assez grande pour connaître ses devoirs et les préférer aux intérêts de sa vanité et de son ambition, il mettrait à profit les circonstances heureuses où il se trouve. Au lieu de fomenter nos vices pour acquérir avec moins de peine l'empire de la Grèce, il se servirait de ses talents pour nous aider à nous corriger, il tâcherait de mériter à la Macédoine la considération dont Lacédémone a autrefois joui. Loin de nous diviser, il travaillerait à nous réunir et à ne faire des Grecs et des Macédoniens qu'un peuple d'amis et d'alliés, qui serait heureux, et dont le pays deviendrait inaccessible aux attaques des étrangers. Il procurerait ainsi un bonheur durable à sa nation; mais puisque Philippe n'aime la vertu que pour en faire l'instrument de son ambition, j'ose vous prédire, sans vouloir empiéter sur les droits de l'oracle de Delphes, que cette fortune des Macédoniens, préparée et conduite avec tant d'art, de courage et d'habileté de la part du prince et tant de vertu de la part des sujets, disparaîtra en naissant. Le moment où leur empire sera parvenu à la situation en apparence la plus brillante sera l'époque où il commencera à déchoir (1). Ses succès ouvriront enfin les yeux

(1) Le moment où l'empire des Macédoniens parut le plus puissant, c'est quand Alexandre eut vaincu Darius,

à ses voisins, ses conquêtes lui feront plus d'ennemis qu'elles ne lui donneront de sujets. Les qualités que nous admirons aujourd'hui dans les Macédoniens feront place aux vices des vaincus. La Macédoine sera malheureuse, et trouvera bientôt enfin un vainqueur.

« Il faudrait, mon cher Aristias, que la nature du cœur humain changeât pour que la politique de nos sophistes pût conduire un

Mais si ce prince régnait tranquillement sur l'Asie subjuguée, les vices de l'Asie commençaient à le subjuguer lui-même. Soit qu'on considère cette corruption naissante, soit qu'on recherche les moyens qu'avait Alexandre pour empêcher le démembrement de ses vastes États, on ne peut s'empêcher de penser qu'une plus longue vie n'aurait servi qu'à ternir la gloire qu'il avait acquise. Si le lecteur se rappelle l'histoire des successeurs d'Alexandre, il verra que les Macédoniens qui s'établirent en Asie et en Égypte s'amollirent et n'eurent point d'autres mœurs que celles des peuples qu'ils avaient vaincus. Pour la Macédoine proprement dite, réduite à ses anciennes limites par la révolte des gouverneurs de province, quel fruit retira-t-elle du règne de deux rois tels que Philippe et Alexandre ? Elle éprouva mille révolutions funestes. Tandis que le peuple était malheureux, la famille royale périt de la manière la plus tragique. Différents princes usurpèrent le trône et en furent chassés. La famille qui réussit à le conserver ne put jamais prendre sur la Grèce même l'autorité que Philippe y avait acquise, quoique les Grecs, toujours divisés, conservassent toujours les vices qui les avaient affaiblis. La Macédoine eut des ennemis sans nombre, et ses rois, toujours ivres de la réputation que leur royaume avait eue autrefois, furent occupés à faire laborieusement et sans succès des entreprises au-dessus de leurs forces. Affaiblis et odieux à leurs voisins, ils furent vaincus et détruits par les Romains, que la Grèce appela à son secours pour servir sa haine contre la Macédoine et la punir de ses injustices et de son ambition.

peuple à un bonheur durable. Si ce n'était que notre raison seule qui nous fît haïr l'injustice, la fourberie, la violence, l'ambition, l'avarice, etc., peut-être qu'on parviendrait à l'éblouir, la tromper et l'envelopper de préjugés qu'elle ne pourrait détruire; mais ce sont nos passions mêmes qui détestent ces vices dans nos pareils. Blessées dès qu'elles les rencontrent, elles s'aigrissent, elles s'irritent, et rien ne peut les distraire. Tant qu'un homme injuste et sans foi indisposera ses concitoyens, tant qu'une république ambitieuse, avare et orgueilleuse se rendra suspecte et odieuse à ses voisins, c'est-à-dire tant que la nature de l'homme ne changera pas, soyez persuadé que la politique doit regarder la vertu comme la source et le fondement de la prospérité.

« Je devrais vous parler actuellement de la méthode avec laquelle la politique doit affermir la vertu dans une république, mais en voilà assez pour aujourd'hui, dit Phocion, et je craindrais, mon cher Aristias, de nuire à la vérité en vous fatiguant; s'il vous reste même quelques doutes sur les matières que nous avons traitées, la suite de nos entretiens les dissipera. »

TROISIÈME ENTRETIEN

———

Aristias et moi nous nous rendîmes hier chez Phocion, mon cher Cléophane.

« C'est aujourd'hui, lui dis-je, nos grandes panathénées, et comment pourrions-nous mieux célébrer une fête consacrée à Minerve, et destinée à perpétuer le souvenir de la réunion que Thésée fit des différents peuples de l'Attique dans Athènes qu'en écoutant ce que vous voudrez bien continuer à nous apprendre sur la morale et la politique ?

— Je sais trop de gré à Aristias, me répondit Phocion, de préférer un entretien austère au spectacle de nos fêtes, pour ne pas consentir à ce que vous désirez. Il est vraisemblable, ajouta-t-il en souriant, que Minerve, qui voit nos panathénées avec indifférence depuis que nous les célébrons avec plus de pompe et moins de vertu que nos pères, trouvera bon que nous n'en augmentions pas la cohue. Puisque vous le voulez, reprenons la suite de nos entretiens. »

« Je vous ai prouvé, continua Phocion, que
la vertu lie les hommes en leur inspirant
une confiance mutuelle, et que le vice, au
contraire, les tient en garde les uns contre
les autres et les divise. Je vous ai fait voir
qu'il n'y a point de vertu qui ne soit utile à
la société, mais ces connaissances seules ne
suffisent point pour guider la politique dans
ses opérations. Quoique toute vertu mérite
d'être cultivée, toutes cependant ne demandent pas les mêmes soins de la part du législateur et des magistrats ; quelques-unes
n'ont pas un rapport aussi direct, aussi im-
médiat que les autres à ce qui fait et conso-
lide le bonheur des citoyens et la sûreté de la
république. Toutes les vertus n'étendent pas
leurs racines à une égale distance, toutes
n'ont pas une tige également forte, quelques-
unes même ont besoin d'un appui ou lan-
guissent et se flétrissent sans secours. Les
unes jettent de plus grands rameaux et portent des fruits plus abondants que les autres ; il y en a même qui fécondent, pour
ainsi dire, tout le terrain qui les environne ;
vous verrez naître autour d'elles mille vertus
particulières qui sembleront venir sans se-
mence et n'exiger aucune culture.

« Si la politique, mon cher Aristias, considère les vertus suivant leur ordre en dignité
et en excellence, elle place à leur tête la justice, la prudence et le courage. D'accord avec
la morale, elle nous montre que de ces trois
sources découlent l'ordre, la paix, la sûreté
et tous les biens, en un mot, que les hommes peuvent désirer. L'objet de la politique
est de nous rendre facile la pratique de ces
trois vertus ; mais elle connaît trop bien
l'activité de nos passions et la paresse de
notre raison pour espérer de nous en faire
contracter l'habitude, si, en nous familiari-

sant d'avance avec d'autres vertus, dont elle est plus maîtresse de régler l'exercice et la marche, elle n'écarte de notre cœur les vices qui nous empêchent d'être justes, prudents et courageux. Ce serait une étrange politique qu'un législateur persuadé qu'il suffît de faire des lois pour que les hommes y obéissent. Il n'a encore rien fait quand il n'aura réglé que les droits de chaque citoyen et donné des bornes fixes à la justice. Laissez agir nos passions, elles auront bientôt dérangé ces bornes. Mille prétentions chimériques anéantiront le droit. Au milieu des lois les plus justes, l'injustice, secondée par la ruse et la chicane et enhardie par l'impunité, deviendra bientôt l'esprit général des citoyens. Publiez dans la place de Sibaris qu'il est ordonné à tout citoyen d'avoir assez de courage pour préférer dans un combat la mort à la fuite et mépriser dans l'administration de la république les dangers auxquels un magistrat est quelquefois exposé, et je vous réponds que vous aurez publié le décret le plus inutile. Les Sibarites, toujours efféminés, ne sortiront point de leur mollesse pour prendre du courage. La loi nous prescrirait, à nous autres Athéniens, la police la plus sage dans nos délibérations publiques, pour nous empêcher d'être inconsidérés et nous forcer de peser et d'examiner avec maturité les intérêts de la patrie, que, si nous devenions prudents, ce serait pour l'intérêt de nos passions et non pour celui de la république. Tout législateur qui ignore sur quelles vertus la justice, la prudence et le courage doivent être, pour ainsi dire, entés, tout législateur qui ne fait pas préparer les hommes à les aimer et les pratiquer, verra que ses lois inutiles n'auront fait aucun bien à la société.

« Il y a en effet, mon cher Aristias, des vertus qui servent de base et d'appui à toutes les autres. Je compte quatre de ces vertus, que j'appelle *mères* ou *auxiliaires*, et qui sont les premières dans l'ordre politique : la tempérance, l'amour du travail, l'amour de la gloire et le respect pour les dieux. »

« Par tempérance, j'entends, poursuivit Phocion, cette vertu qui, nous invitant à nous contenter des choses que la nature exige indispensablement pour notre conservation, diminue le nombre de nos besoins et le simplifie. Qui n'étudie pas l'art d'être heureux à peu de frais sera toujours malheureux. Vous savez ce que Socrate (1) disait à Euthydème, que les voluptueux sont les hommes du monde les plus déraisonnables. A force de se repaître de voluptés, ils éteignent en

(1) Xénophon nous a conservé l'entretien de Socrate avec Euthydème sur la volupté, et je ne puis résister au plaisir d'en transcrire ici un morceau admirable. Je me sers de la traduction de M. Charpentier.

« Avez-vous songé, dit Socrate, que la débauche, qui ne parle que de voluptés, ne saurait en faire goûter aucune comme il faut, et qu'il n'y a que la tempérance et la sobriété qui donnent le vrai sentiment des plaisirs? Car c'est le naturel de la débauche de ne point endurer la faim, ni la soif, ni les aiguillons de l'amour, ni la fatigue des veilles, qui sont néanmoins les véritables dispositions pour boire et pour manger délicieusement, et pour trouver un plaisir exquis dans les embrassements amoureux ou dans les approches du sommeil. Cela est cause que l'intempérant sent moins de douceur dans ses actions, qui sont nécessaires et qui se font très-souvent. Mais la tempérance, qui nous accoutume à attendre le besoin, est la seule aussi qui, dans ces rencontres, nous fait sentir une extrême volupté. »

« C'est cette vertu aussi, dit Socrate, qui met les hom-

eux le sentiment du plaisir; ils n'ont pas l'esprit d'endurer la faim et la soif et de résister aux premières amorces de l'amour du sommeil, ils gâtent tout par leur attention insensée à prévenir leurs désirs. La volupté vend ses faveurs à trop haut prix; elle emploie trop de mains, trop de temps, trop de peine à la composition de son ennuyeux bonheur, pour que la politique n'échouât pas en essayant de rendre heureux un peuple voluptueux. A peine la volupté jouit-elle que, rassasiée, elle rejette avec faste et dédain ce qu'elle avait désiré avec emportement. Nos sophistes, à leur ordinaire, ont mal raisonné sur cette matière, parce que la nature a voulu que nos besoins fussent la source de nos plaisirs; ils ont prétendu qu'en multipliant les uns on multiplierait aussi les autres; mais ils n'ont pas fait attention que la

mes en état de se perfectionner l'esprit et le corps et de se rendre capables de gouverner heureusement leur famille, de servir utilement leurs amis et leur patrie et de surmonter leurs ennemis, et ce qui est non-seulement très-avantageux pour l'utilité, mais même très-agréable par le contentement qui l'accompagne, et c'est à quoi les débauchés n'ont point de part; car quelle part pourraient-ils prendre aux actions vertueuses, eux dont l'esprit est tout employé à la recherche des voluptés présentes? »

« Quelle différence y a-t-il, dit Socrate, entre un animal irraisonnable et un homme voluptueux qui ne considère point ce qui est le plus honnête, mais qui poursuit aveuglément ce qui est le plus agréable? Il n'appartient qu'aux personnes tempérantes de rechercher quelles sont les meilleures choses, et, après en avoir fait un discernement exact par l'expérience et le raisonnement, d'embrasser les bonnes et de s'éloigner des mauvaises; c'est ce qui les rend tout ensemble très-heureux, très-vertueux et très-habiles. »

volupté est moins habile et moins libérale
que la nature. Celle-ci ne donne aucun besoin sans donner en même temps un moyen
aisé de le satisfaire; et la volupté, qui flatte,
échauffe, irrite notre imagination par des
espérances et des songes, ne donne jamais
ce qu'elle a promis; elle fuit quand nous
croyons la saisir, et nous laisse le dégoût,
l'ennui et la lassitude à la place du plaisir.

« Mais il ne s'agit pas, entre nous, de l'in-
conséquence des voluptueux, et quand leur
passion ne les tromperait pas, il n'en faudrait
pas moins, mon cher Aristias, bannir la volupté de notre république. Croyant acheter
des plaisirs à prix d'argent, elle est toujours
avare et prodigue, et jamais on n'a vu la
justice, la prudence et le courage se mêler
parmi les vices qui accompagnent l'avarice
et la prodigalité. Toutes les richesses de la
Perse n'enrichiraient pas Démadès (1); l'Europe, l'Asie et l'Afrique ne suffiraient pas aux
besoins de trois voluptueux comme lui,
comment donc la vérité serait-elle l'âme de
ses discours ? Patrie, honneur, justice, il ven-
dra tout à qui voudra l'acheter. Ce sénateur,
accablé du poids d'une digestion difficile, li-
vrerait l'Etat à qui lui offrirait un élixir propre à ranimer les ressorts usés de son esto-
mac, et vous voulez qu'il s'informe s'il n'y a

(1) Antipater disait que, de deux amis qu'il avait à
Athènes, Phocion et Démadès, il n'avait jamais ni pu obli-
ger l'un à rien recevoir ni contenter l'avidité de l'autre.
Ce Démadès était orateur et avait du crédit dans la place
publique. C'est lui qui, trouvant un jour Phocion à table
et voyant son extrême frugalité, lui dit : « Je m'étonne,
Phocion, que, te contentant d'un si mauvais repas, tu
veuilles prendre la peine de te mêler des affaires de la république. »

point quelque malheureux citoyen que la faim poursuit? Croirez-vous que des magistrats avides et fatigués de plaisirs soient bien propres à penser aux besoins de la société? Que ce soient des sentinelles vigilantes et attentives à prévoir, prévenir ou repousser les périls dont la république peut être menacée? Ne l'espérez pas; la république elle-même ne l'exige plus, quand une fois les esprits sont infectés par la jouissance ou le désir des voluptés; elle tiendra même compte à ses magistrats de leur mollesse et de leur faste. Dès que la recherche dans les plaisirs a attaché à la médiocrité l'opprobre de la pauvreté, les citoyens ont trop de besoins pour être contents de leur fortune. Leur âme est déjà souillée des vols que leurs mains n'ont encore pu commettre; ils feront un commerce honteux de leur suffrage, et vendront leur voix au plus offrant. On ne verra dans les magistratures que la facilité de s'enrichir impunément par des injustices, on ne voudra plus avoir de crédit dans la république ni commander les armées que pour faire fortune et s'abîmer ensuite dans les voluptés. Tout est alors perdu, il ne subsiste plus qu'un vain simulacre de république. A la place des lois méprisées les passions règnent impérieusement, et les mœurs seraient atroces si les âmes étaient encore capables de conserver quelque force. Quand, en ouvrant le cœur à tous les vices, les voluptés n'y étoufferaient pas le principe de la justice et de la prudence, il suffit qu'elles énervent le corps pour que la république ne doive plus attendre de ses citoyens amollis les fatigues, les veilles, la patience, les travaux d'où dépend souvent son salut. Tandis que de jeunes gens, lassés de leurs débauches, dorment mollement dans le duvet, pensez-vous, si on les réveille en sursaut pour repousser l'ennemi qui escalade nos murailles, qu'ils trouveront en eux les forces et le courage de ces anciens Athéniens, accoutumés à coucher sur la dure à côté de leurs armes et à mépriser les plaisirs des sens? Depuis que le goût des plaisirs nous possède, j'ai vu, oui, j'ai vu les descendants des héros de Marathon et de Salamine aller aux ennemis avec l'envie de fuir dans le cœur. L'exemple contagieux des riches a corrompu jusqu'aux pauvres, qui ne partagent pas leurs voluptés. Il n'est plus d'Athénien qui ne murmure contre les fatigues de la guerre et la rigueur de notre discipline relâchée. La nature paraît dégradée dans toute la Grèce; nous succombons aujourd'hui sous les exercices dont nos pères se jouaient autrefois; nous trouvons nos armes trop pesantes, et la mollesse de nos villes nous a appris à redouter le courage des Barbares.

« Que Lycurgue, mon cher Aristias, était profond dans la connaissance de nos vertus et de nos vices ! Méditez ses lois, un dieu sans doute les lui avait dictées. Vous ne le verrez jamais s'égarer dans les détails inutiles, proscrire un vice et n'en pas couper la racine; ordonner la pratique d'une vertu et négliger celle qui doit en être le principe ou l'appui. Il ne permet pas à deux jeunes époux de s'abandonner inconsidérément à leurs transports; il voulait qu'un mari n'habitât pas d'abord dans la même maison que sa femme; il lui ordonnait de dérober ses faveurs. C'était pour empêcher que les droits du mariage ne devinssent une source de corruption et de mollesse en les abandonnant aux voluptés, et que, rassasiés des plaisirs légitimes, ils n'en cherchassent de défendus.

L'adultère ne fut point connu à Lacédémone ; quel avantage ! s'il est vrai que tout commerce de galanterie suppose dans les femmes une lâche infidélité à leurs devoirs, et dans les hommes l'art de séduire et de corrompre réduit en principes, et par là même d'autant plus dangereux qu'il les occupe sérieusement de cent misères qui ôtent à l'âme les ressorts nécessaires pour méditer et exécuter de grandes choses. Faute de connaître le penchant du sexe à la mollesse et l'empire qu'il a sur notre âme, la plupart des législateurs ont tendu un piége à nos mœurs en négligeant de régler celles des femmes. Lycurgue devine qu'elles nous donneraient leurs vices s'il ne leur donnait pas nos vertus. Il en fit des hommes ; il leur inspira un généreux mépris pour les besoins auxquels la nature ne les a pas assujetties ; il les endurcit au travail, à la peine, à la fatigue. Platon (1), enhardi par cet exemple, voulut même en faire des soldats dans sa république. Il savait que moins nous avons de devoirs à remplir moins nous y sommes attachés, et en exigeant beaucoup des femmes, il espérait avec raison tout obtenir aisément des hommes. Lycurgue établit enfin dans sa ville des repas publics dont le brouet noir, si décrié aujourd'hui, faisait

(1) « *Nec putes, ó Glauce, magis me de viris quam de mulieribus fuisse locutum quæcumque videlicet natura aptæ ad hæc officia sunt.* » (*In Rep.*, liv. VII.) Voyez ce que Platon dit dans cet endroit sur l'éducation des femmes. Il y revient encore dans son *Traité des lois*, liv. VII : « *Ato stultissimum hoc in nostris regionibus esse, ut non tisdem studiis mulieres ac viri omni conatu consensuque dent operam... Præceptum vero nostrum non cessabit asserere quod oporteat doctrinæ cæterorumque, quam maxime mulieres cum viris participes fieri.* »

les délices. Voilà ses deux principales institutions, et sans leur secours, il aurait inutilement proscrit l'usage de l'argent et les arts inutiles, aiguillons à la fois et aliments des passions. L'exercice des vertus les plus difficiles, et dans le degré le plus héroïque, devait dès lors devenir familier aux Spartiates, parce que c'est le propre de la tempérance de fermer l'entrée de notre cœur à une foule de vices, en nous rendant notre situation présente agréable, et de nous porter sans effort au bien. La tempérance inspire nécessairement le mépris des richesses, et ce mépris, qui suppose l'âme débarrassée des besoins frivoles qui nous tourmentent, est toujours accompagné de l'amour de l'ordre et de la justice. Moins les passions sont vives et nombreuses, plus la raison est libre de faire valoir ses droits.

« Oui, mon cher Aristias, depuis que nous avons renoncé à la simplicité des mœurs de nos pères, nous avons beau faire tous les jours de nouvelles lois et multiplier nos magistrats (1), c'est convenir de notre corruption

(1). Rien ne prouve peut-être mieux qu'un État agit sans principes et sans système que le grand nombre de lois dont il accable les citoyens. Un législateur habile va à la racine des abus qu'il veut arrêter, la coupe, et l'ordre est rétabli par une seule loi. L'histoire ancienne et l'histoire moderne en fournissent plusieurs exemples. Un législateur ignorant veut détruire les effets d'un vice, mais il en laisse subsister la cause. L'État ne se corrige pas; il arrive même que les efforts inutiles du législateur le rendent incorrigible, parce que les esprits s'accoutument enfin à mépriser les lois. Quand une loi est tombée dans l'oubli et qu'on la renouvelle, il semble que ce ne soit que par caprice, et on ne prend presque jamais les mesures nécessaires pour empêcher qu'elle n'éprouve une seet n'employer que des remèdes inutiles pour nous corriger. Le premier magistrat et la première loi d'une république ce doit être la tempérance, et le peuple le mieux gouverné, après les Spartiates, c'est celui qui approchera le plus de leur frugalité. Cependant, telle est la faiblesse humaine, que toute vertu a ses moments d'erreur, de distraction et de lassitude. La tempérance a autant d'ennemis qu'il y a de sortes de voluptés, et, quel que soit son pouvoir, elle succombera à la fin si la politique n'empêche qu'elle n'ait à combattre contre l'oisiveté et cet ennui qui suit l'inaction de l'âme et du corps. Tout le temps où la loi

conde disgrâce. Un État qui n'a point d'objet fixe ou qui ne consulte pas la nature des choses doit nécessairement beaucoup multiplier ses lois, parce qu'il n'agit que relativement aux circonstances dans lesquelles il se trouve, et que ces circonstances changent et varient continuellement. C'est un grand malheur quand les lois sont en si grand nombre qu'on ne daigne plus s'en instruire, et qu'elles sont pour la plupart ignorées de ceux mêmes qui font une étude du droit public et de la jurisprudence d'une nation. La coutume et la routine usurpent alors l'autorité qui n'appartient qu'aux lois, et c'est le propre de la coutume et de la routine de n'avoir rien de fixe, et, se prêtant aux événements, d'ouvrir la porte aux injustices les plus criantes.

Multiplier les magistrats n'est pas une chose plus salutaire que de multiplier les lois. Moins ils sont nombreux, plus on est porté naturellement à les respecter, et plus ils sont eux-mêmes attentifs à remplir leurs devoirs. Créer de nouveaux magistrats dans une république dont les lois et les mœurs se corrompent, ce n'est souvent qu'y introduire de nouveaux abus et donner des protecteurs à la corruption. En général, il est inutile, comme le dit Phocion dans son second entretien, de prétendre avoir de bons magistrats si on n'a pas commencé par donner de bonnes mœurs aux citoyens.

nous abandonne à nous-mêmes est un temps qu'elle donne aux passions pour nous tenter, nous séduire et nous subjuguer. La politique doit donc inspirer aux citoyens l'amour du travail. Cette vertu, répandant sur les plaisirs les plus simples et les plus honnêtes un charme capable de nous satisfaire, tempère notre imagination et empêche, pour ainsi dire, qu'elle n'aille à la découverte de quelque nouveau plaisir.

« Ne vous hâtez pas, mon cher Aristias, de conclure de cette doctrine que toute espèce de travail soit utile à la société; il est au contraire une sorte d'oisiveté qui lui serait peut-

La politique a deux ou trois règles générales sur ce sujet qu'il est impossible de négliger sans s'exposer à d'extrêmes dangers. Pour empêcher que le magistrat ne se relâche dans les fonctions de sa magistrature, il faut qu'elle soit courte et passagère. Si elle est à vie, il l'exercera avec négligence; il la regardera comme un bien qui lui est propre, et travaillera bien plutôt à en augmenter les droits et les prérogatives qu'à faire le bonheur public. La société a différents besoins, distingués par la nature et séparés les uns des autres, il faut donc établir différentes magistratures pour y subvenir. Si vous unissez dans un même magistrat des fonctions qui doivent être séparées, vous devez vous attendre qu'elles seront négligées ou que le magistrat profitera de ce pouvoir trop étendu pour en abuser et se rendre redoutable. Si vous séparez en différentes magistratures des fonctions qui doivent être réunies dans une même main, les magistrats se gêneront mutuellement par leur administration et ne conserveront point l'autorité qu'ils doivent avoir sur les citoyens. Remarquez que, dans les circonstances extraordinaires, les magistrats ordinaires ne suffisent pas aux besoins de la république. Ce fut une institution bien sage chez les Romains que de créer quelquefois des dictatures ou de revêtir les consuls d'une puissance extraordinaire.

être moins funeste. Voyez quel est le procédé de la nature à notre égard. Libérale de tous les biens qui nous sont nécessaires, elle veut cependant que nous les achetions par le travail. La terre est stérile si nos mains ne la féconde pas, et par l'ordre établi pour la production des fruits, ce travail est léger, mais continuel. Que la politique imite la nature. Si le travail qu'elle nous impose n'est pas proportionné à nos forces, si l'espérance qui le ferait entreprendre avec joie est trompée, s'il ne peut pas suffire à nos besoins, il devient insupportable et ne peut être que l'occupation ou plutôt le châtiment d'un esclave. L'Egypte fut malheureuse sous les successeurs de Sésostris, dès que le prince, conduit par une insatiable avarice, s'écarta de ces principes, et, condamnant ses sujets à des travaux trop durs, en voulut seul recueillir les fruits. Les mains des Egyptiens s'engourdirent. La nation la plus active s'avilit dans la paresse, qui était devenue son seul bien. L'Etat fut vexé à la fois par la pauvreté et le luxe; les esprits s'effarouchèrent, et on traita les citoyens comme des bêtes farouches qu'il fallait dompter par la fatigue (1). Cependant, quel spectacle présentait la malheureuse Egypte ? Sans les eaux bienfaisantes du Nil, les campagnes auraient à peine pu

(1) Il n'y a point de peuple dans l'antiquité qui ait été traité plus durement que les Egyptiens après qu'ils eurent renoncé à la sagesse de leurs premières institutions. Aristote dit, dans sa *Politique*, que les rois d'Egypte ne creusèrent le canal de Mœris, ne bâtirent les pyramides et n'exécutèrent d'autres pareils ouvrages que pour accabler sous le poids du travail des sujets indociles dont ils craignaient l'inquiétude et qui ne prenaient aucun intérêt à la patrie.

suffire à nourrir leurs habitants. Au milieu de ces monuments qui semblent destinés à vivre autant que le monde, et qu'un peuple malheureux est condamné à élever à l'orgueil de ses maîtres, que deviendra le monarque si un ennemi étranger se présente sur ses frontières et veut lui enlever sa couronne et ses plaisirs ? Quels bras armera-t-il en sa faveur ? Quel intérêt auront ses peuples de défendre, aux dépens de leur sang, ses voluptés et leur misère ?

« A Tyr, à Carthage, nous disent les voyageurs, tous les citoyens sont occupés ; mais nous préservent les dieux, mon cher Aristias, de les imiter ! Ces peuples, dont on nous vante l'industrie et l'activité, ont été les corrupteurs des nations. Contentes des richesses que la nature prudente répand dans chaque climat, elles vivaient heureuses sans faste et sans luxe. Les Tyriens et les Carthaginois ont tenté leur cupidité ; ils les ont façonnées au goût des choses rares et recherchées ; ils ont eu la perfidie de leur faire mépriser les biens qu'elles possédaient. Combien la pourpre de Tyr et les superfluités élégantes de Carthage n'ont-elles pas fait commettre de crimes et produit de malheurs sur la terre ?

« Mais ne pensez pas, Aristias, que ces empoisonneurs publics aient eux-mêmes échappé aux poisons qu'ils préparent. Je ne connais ni Tyr ni Carthage, j'oserais cependant assurer que ces deux villes sont malheureuses. L'amour du travail, qui est une grande vertu quand il accompagne la tempérance et sert avec elle à réprimer et régler nos passions, est au contraire l'ouvrage de l'avarice et de la cupidité chez les Carthaginois et les Tyriens. Plus ces deux vices s'accroissent au milieu des richesses, plus toutes les autres passions acquièrent de force. L'amour du travail n'est propre, dans ces deux républiques, qu'à humilier les esprits ou leur inspirer de l'insolence; il doit y faire des mercenaires et des tyrans. Notre Solon, fatigué des émeutes et des séditions que l'oisiveté du peuple excitait pour nous, fit des lois pour faire aimer le travail. Un père qui n'avait pas fait apprendre un métier à son fils ne pouvait exiger aucun secours de lui dans sa vieillesse; loi absurde, parce qu'elle est contraire aux devoirs éternels et inviolables de la nature, et qu'on n'attachera jamais un citoyen à la patrie en lui apprenant à manquer de reconnaissance pour son père. Chaque citoyen fut obligé de rendre compte de ses occupations devant l'aréopage, chargé de punir la paresse. A quoi aboutit cette grande politique? Chacun choisissant à son gré ses occupations, que la loi aurait dû régler, nous devînmes tous des mercenaires. Teinturiers, cordonniers, maçons, marchands, revendeurs, voilà ce qui forme le fonds de nos assemblées dans la place publique. Nos citoyens, livrés à des occupations basses et serviles, que Lycurgue n'avait permises qu'aux Hilotes, devaient en prendre les mœurs. Que serait devenue la république? Marathon et Salamine auraient-ils été témoins du courage et de la gloire de nos pères? La Grèce entière ne serait-elle pas aujourd'hui gouvernée par un satrape orgueilleux des rois de Perse, si, à la faveur d'un concours heureux de circonstances extraordinaires, sur lesquelles il ne faut jamais compter, d'autres causes, en conservant dans un peuple d'artisans l'ancien amour de la gloire et de la liberté, ne l'eussent préparé à se laisser conduire aveuglément par un Miltiade (1), un Thémistocle et d'autres pa-

(1) C'est ce qui a fait dire à Thucydide (liv. II, ch. xi),

reils grands hommes ? Quand ces causes, étrangères à notre constitution, s'affaiblissant peu à peu, cessèrent enfin d'influer sur nos mœurs, et que la république, gouvernée par des ouvriers, eut pris le génie qu'elle devait naturellement avoir, vous savez dans quel avilissement nous tombâmes. L'intérêt particulier décida toujours de l'intérêt public. Tour à tour extrêmes dans toutes nos pas-

que, quoique le gouvernement d'Athènes fût démocratique dans le droit, il approchait dans le fait de la monarchie, puisque le plus grand homme y avait toute l'autorité et semblait être le dépositaire de la volonté de tous les citoyens. La république aurait succombé dans les dangers auxquels elle fut exposée, après s'être délivrée de la tyrannie des fils de Pisistrate, si elle n'eût eu alors, par hasard, un Miltiade dont les talents extraordinaires la firent triompher des Perses à Marathon. A ce grand homme succédèrent un Aristide, un Thémistocle, un Cimon, qui, par leurs lumières, leurs talents et leurs grandes actions, méritèrent la confiance des Athéniens et les élevèrent, malgré les caprices de la démocratie, à penser comme eux. Périclès, qui avait tous les talents et à qui il ne manquait que de la probité, fut le dernier des Athéniens qui jouit dans sa patrie de ce crédit qu'on pouvait appeler monarchique. « Ceux, dit Thucydide, qui après sa mort aspirèrent au gouvernement étant tous égaux en mérite (c'est-à-dire par leurs talents très-médiocres), et rivaux en dignité, et tâchant de se débusquer les uns les autres pour obtenir le premier rang, mirent toute l'autorité entre les mains du peuple par leur lâcheté et leur flatterie. De là s'ensuivit, entre autres maux, l'entreprise de Sicile, qui ne se perdit pas tant par la faute de ceux qui y furent employés que par le défaut de ceux qui les employèrent et s'entre-battaient à Athènes pour le commandement. Ils ralentirent l'ardeur du camp par leur division, et mirent à la fin la sédition dans la ville. » (Traduction de d'Ablancourt.)

sions, timides le matin, téméraires le soir, lâches et emportés à la fois, nous ne connûmes jamais nos forces, notre faiblesse ni nos ressources; jamais nous ne sûmes agir à propos, jamais nous ne sûmes prévoir les dangers ni les prévenir. Qu'avons-nous à nous plaindre de la fortune? Devait-elle faire des miracles pour rendre juste, prudente et magnanime une assemblée d'artisans? Tout art nécessaire aux besoins réels des hommes est sans doute honnête; il ne devient dangereux que quand, par une trop grande recherche, il donne aux choses un prix qu'elles ne doivent point avoir et raffine inutilement notre goût. J'aime la simplicité des mœurs peintes dans Homère : des rois qui savent le nombre de leurs vaches, de leurs chèvres, de leurs moutons, et qui préparent eux-mêmes leur souper; une reine Arete, qui file les étoffes dont son mari est habillé, et une princesse Nausicaa, qui va elle-même sur une charrette laver à la rivière les habits de sa famille. Chacun peut avec gloire être lui-même son propre artisan; et plût aux dieux que la sagesse de nos mœurs, la simplicité de nos besoins et l'égalité de nos fortunes le permissent encore ! Mais, dans une république où la politique ne peut plus ramener les citoyens à cette pureté primitive des anciens temps, les arts sont toute la richesse de ceux qui les cultivent; les artisans ne subsistent que du salaire qu'ils reçoivent des riches qui les occupent, et le travail doit nécessairement avilir leur âme (1).

(1) C'est ce qui a fait dire à Platon, dans son *Traité des lois*, liv. XI : « *Nullus cives caupo, mercatorque, nec sponte, nec invitusciat, nec privati cujus quam sint minister, qui non æquo in eaulem sorte sibi respondeat, nisi patris ac*

« Que le législateur, mon cher Aristias, se garde donc de leur confier le dépôt ou l'administration de la souveraineté. Si la loi les déclare hommes libres et en fait des espèces de citoyens, que la politique ne les regarde cependant que comme des esclaves qui n'ont point de patrie et qui ne peuvent participer aux assemblées de la nation. Nos plus grands hommes, Miltiade, Thémistocle, Cimon, etc.,

ma'ris, aliorumque genere majorum cæterorumque seniorum qui liberti sunt et liberi vivunt. »

Ce que Phocion ajoute, « qu'il ne faut regarder les artisans que comme des esclaves », paraîtra peut-être un sentiment outré et cruel à quelques lecteurs; mais il faut tâcher d'entrer dans sa pensée, ce qui est facile, et on en sentira bientôt la vérité. Phocion était sans doute trop instruit des droits de l'humanité pour dire qu'il fallait ôter la liberté aux artisans et les réduire en esclavage; il voulait seulement que des hommes qui ne peuvent avoir des sentiments de citoyens n'eussent, comme les esclaves, aucune part à l'administration publique, et il avait raison. Il ne comptait pour citoyens que les possesseurs des terres, et il est assez vraisemblable qu'on ne peut s'écarter, dans la pratique, de cette idée sans s'exposer à de grands inconvénients.

De tous les grands hommes qui ont gouverné la république d'Athènes, Aristide est le seul qui ait favorisé la démocratie. Il abolit la loi de Solon, qui ne permettait d'élever aux magistratures que les citoyens qui recueillaient de leurs terres au moins deux cents mesures de froment, d'huile ou de vin, et par là il affermit ou ruina la partie aristocratique du gouvernement qui servait de frein à la démocratie. Il fut permis indistinctement à tout citoyen d'aspirer et de parvenir aux magistratures, et c'est sans doute une des principales causes des fautes grossières que fit la république et des malheurs qu'elle éprouva après la mort de Périclès. L'inquiétude et l'insolence du peuple ne connurent point de bornes.

favorisaient l'aristocratie. Je suis leur exemple, et ce n'est ni par vanité ni par ambition, je connais trop l'égalité des hommes et les droits de l'humanité; mais je consulte le bonheur de la république, et il importe à la multitude même, que son travail et ses occupations avilissent et retiennent dans l'ignorance, de ne pas s'emparer du gouvernement. Pleine d'humanité à l'égard des artisans, que la république, qui ne peut s'en passer, les gouverne sans les mépriser. Le magistrat doit avoir soin que le travail fournisse aux artisans une subsistance facile et abondante, ou bien ils deviendront les ennemis de la république comme les Hilotes le sont des Spartiates, et on aura à se reprocher la moitié de leur crime et le châtiment même dont on les punira. Des citoyens assez sages pour vouloir conserver leurs mœurs ne permettront jamais qu'on invente de nouveaux arts. Qui serait instruit de l'origine et des progrès des arts connaîtrait peut-être l'histoire de tous nos vices. A l'exemple des Spartiates, croyons que les peuples se civilisent par de bonnes lois et la pratique des vertus et non par un tas de superfluités que le luxe estime et que la raison réprouve. Lycurgue voulut que les Lacédémoniens ne se servissent que de la cognée et de la scie pour faire les meubles de leur maison. Loi admirable! Contraignez de même les artisans à laisser aux arts les plus nécessaires une certaine grossièreté si vous ne voulez pas que le goût et le luxe des riches ne produisent bientôt des arts inutiles. Cent fois j'ai vu Platon se plaindre amèrement des progrès de la peinture parmi nous. Un jour que j'admirais dans le temple de Minerve la *Défaite des Géants*, je me le rappelle avec plaisir, il me tira par mon manteau: « Ces sottises vous gâteront, me dit-il; que

« d'art, que de peine, que de génie pour exci-
« ter une admiration dangereuse ! Dans ma
« république, un peintre sera obligé de com-
« mencer et de finir son tableau dans un
« jour (1). »

« Enfin, mon cher Aristias, songez que la
politique ne doit admettre au gouvernement
de l'État que des hommes qui possèdent un
héritage; eux seuls ont une patrie. Mais,
pour empêcher que leur oisiveté ne nuise à
la république, qu'une loi sévère proscrive ces
fortunes scandaleuses qui corrompent encore
moins ceux qui les possèdent que les citoyens
imprudents qui les envient. Que la médiocrité des héritages force les propriétaires à
les cultiver eux-mêmes. Si la coutume s'y
oppose, que la république arrache les citoyens
à leurs passions en multipliant leurs devoirs
et leurs occupations. C'est un spectacle admirable que présentait l'ancienne Lacédémone. Des hommes toujours occupés des
exercices de la chasse, du disque, de la
course, du pugilat, de la lutte, etc., se pré-
paraient dans leurs plaisirs mêmes à devenir
d'intrépides défenseurs de la patrie. Ils se
délassaient de leurs travaux dans des écoles
où on leur apprenait moins à discourir, comme
nous, sur les vertus qu'à les pratiquer. Chaque âge, chaque sexe, chaque heure avait
ses occupations particulières. Le temps fuyait
rapidement pour les Spartiates; et au milieu
de cette vie toujours agissante, comment les
passions, malgré leur diligence et leur
adresse, auraient-elles trouvé un moment

---

(1) Je me rappelle en effet d'avoir lu, dans Platon, qu'il
voulait que les tableaux qu'on voyait dans les temples des
dieux fussent faits dans un jour. Il n'en accordait que cinq
aux sculpteurs pour faire et élever un tombeau.

pour tromper, séduire et corrompre un Lacédémonien. »

« Jusqu'ici, mon cher Aristias, poursuivit Phocion, je ne vous en ai en quelque sorte présenté que les faiblesses, la misère et la honte de l'humanité; jusqu'ici la politique ne vous a paru occupée qu'à briser les liens par lesquels mille passions différentes, tenant l'homme attaché à ses intérêts personnels, le séparent de ceux de la société. Pour rompre le charme de ces Circés, qui nous menacent du sort que subirent les compagnons d'Ulysse, admirez à présent la sagesse infinie de la nature à notre égard et le secours qu'elle nous offre. Ces vertus si timides, si contraires à nos passions, si peu agissantes, si étrangères dans notre cœur, mais cependant si nécessaires, apprenez par quel secret la politique peut leur communiquer une force supérieure à celle des passions mêmes. Apprenez par quelles ressources la pratique des devoirs, en apparence les plus austères, peut devenir agréable et même délicieuse: c'est en tenant éveillé dans notre cœur l'amour de la gloire, sentiment noble et généreux qui nous fait connaître la grandeur de notre origine et de notre destination, ce sentiment, par lequel nous sommes les rivaux des substances spirituelles, qui nous apprend que nous sommes l'ouvrage d'un Dieu.

« En effet, Aristias, l'âme n'a aucun ressort plus capable de la mouvoir que l'amour de la gloire, d'autant plus sublime qu'il se plaît à trouver des obstacles et des combats; par combien de triomphes obtenus sur les passions les plus hardies et les plus impérieuses ne s'est-il pas illustré? Vous citerai-je tous les grands hommes à qui elle a fait mépriser les charmes de la volupté et aimer la pauvreté? L'amour de la gloire semble en quelque sorte nous séparer de nous-mêmes. Nous nous oublions par une sorte de prestige; prêts à lui sacrifier notre vie, l'image d'une belle mort s'empare de notre âme et l'enivre. Depuis Codrus, combien de héros ont été les généreuses victimes de ce sentiment! Socrate, qui connaissait si bien le cœur humain, ne se contentait pas, pour exciter à la vertu, de démontrer qu'elle nous rend heureux et porte avec elle sa récompense. Il aurait craint que les passions, plus éloquentes que lui, en offrant un plaisir présent, n'eussent fermé l'oreille de ses disciples à la vérité. Pour les rendre attentifs et dociles, il leur montra la gloire. C'est dans son école que se sont formés les derniers hommes de bien qui ont honoré notre république, et combien Athènes n'aurait-elle pas encore été heureuse et florissante si, par l'organe des lois et la bouche des magistrats, la politique avait persuadé à tous les citoyens ce que Socrate persuadait à ses disciples! Si les Barbares ne connaissent point l'amour de la gloire; si cette vertu, déjà affaiblie dans la Grèce, y devient de jour en jour infiniment plus rare qu'elle ne l'était il y a un siècle, ne croyez pas que la nature ait été plus libérale envers nos pères qu'à notre égard, ou que, par une prédilection injuste, elle ait pris plaisir à nous distinguer des étrangers. En tout temps, en tout lieu elle répand également ses bienfaits, mais en tout temps et en tout lieu la politique ne sait pas en profiter également. Pendant la guerre médique, les Thébains auraient montré autant de courage qu'ils laissèrent voir de timidité, si un Épaminondas eût rallumé dans leur cœur le sentiment éteint de l'amour de la gloire.

« Comment voudriez-vous, mon cher Aristias, que cette vertu osât pénétrer dans la

Perse et y produire quelques fruits? Un souffle contagieux en a fait mourir le germe même. Il n'est point de récompense imaginée pour honorer la vertu dont quelque vice ne s'y pare insolemment. Une cour enivrée de plaisirs, et qui est l'âme de tout empire, n'a de faveurs à répandre que sur les ministres ou les instruments de ses voluptés. Elle se gardera bien de donner le gouvernement d'un satrape à un homme intelligent et vertueux; elle s'en défie, et le craindrait. Pour devenir grand en Perse il faut être un homme très-médiocre ou s'avilir jusqu'à cacher ses talents. Le peuple ne raisonne point. Naturellement porté par son ignorance à donner son admiration à ce qui flatte son imprudence, son orgueil, son avarice, sa jalousie, etc., il confondra le bizarre et l'extraordinaire avec ce qui est véritablement sage et grand. N'en doutez pas, il courra après une gloire de préjugé et de mode si la politique, de concert avec la morale, ne le met dans le bon chemin. Il s'en écartera si on cesse un moment d'éclairer et de guider sa marche, et bientôt il dégoûtera, par ses éloges ridicules et bruyants, les appréciateurs du vrai mérite, et égarera avec lui ceux qui sont frappés de l'amour de la gloire, mais qui n'ont pas assez de lumière pour savoir où il faut la chercher. Quand la politique est parvenue à connaître ce qui est véritablement estimable, quand elle aura, pour ainsi dire, pesé les vertus, qu'elle accorde une plus grande considération à celles qui sont les plus avantageuses à la société et d'un exercice plus difficile. Au lieu de prodiguer les honneurs, que la république ne les dispense qu'avec une extrême économie. La gloire trop commune s'avilit. Que les récompenses soient rares, que tous les désirent, que peu les obtiennent; elles

seront méprisées si on les donne d'avance ou
par caprice. Les talents ont droit d'y prétendre, mais ce n'est que quand ils sont utiles
à la patrie. Que nous importe d'avoir d'excellents peintres, d'excellents comédiens,
d'excellents sculpteurs? Malheur à la nation
insensée qui, sous prétexte du génie qu'exige
leur art, les place à côté du grand capitaine
ou du grand magistrat et leur donne les
mêmes éloges. En est-on plus heureux quand
la peinture et la sculpture animent en quelque sorte la toile, le bronze et le marbre?
Philippe apprend avec plaisir la magnificence de nos panathénées; il est ravi
que nos citoyens ne puissent se rassasier de
fêtes, de musique, de spectacles. Autrefois
nous n'élevions que des statues à peine ébau-
chées aux bienfaiteurs de la patrie, et nous
avions une foule de grands hommes, aujour-
d'hui nous n'avons que des sculpteurs et des
peintres.

« Convenez-en, Aristias, il est fort intéres-
sant pour Athènes que quelques hommes, à
force d'étude et d'art, parviennent à rendre
parfaitement, sur nos théâtres, les rôles de
Priam, d'Hercule, d'Achille et d'Ulysse, tandis que personne ne sait être citoyen dans la
place publique ni magistrat dans le sénat ou
l'aréopage. Mais il faut désespérer de la république si elle distribue les récompenses de
la vertu aux talents d'un homme vicieux.

« Craignez ces talents funestes, mon cher
Aristias; ce sont des phosphores brillants
qui trompent le voyageur et le conduisent au
précipice. En recherchant les causes de la
prospérité ou des revers des différentes républiques de la Grèce, j'ai toujours remarqué
qu'un peuple vertueux ne manque jamais des
talents qui lui sont nécessaires, et que les
talents sont toujours inutiles quand la vertu

ne les seconde pas. Quel avantage Thèbes eût-elle retiré d'Épaminondas et de Pélopidas s'ils eussent été avares, ambitieux et jaloux l'un de l'autre? La Grèce dut autrefois son salut à la pensée hardie, mais sage, de Thémistocle, qui conseilla à nos pères d'abandonner leur ville à Xerxès, de transporter leurs femmes, leurs vieillards, leurs enfants à Salamine, et de construire une flotte avec la charpente de leurs maisons. Oh! qu'il est heureux pour nous que nos pères aient su sacrifier leur intérêt particulier à la fortune publique! A quoi nous serviraient aujourd'hui les talents de ce grand homme? Si Aristide et Cimon eussent eu alors les mœurs basses et corrompues de notre temps, ils se seraient soulevés contre un projet dont ils n'étaient pas les auteurs, ils auraient préféré la perte de la république et de la Grèce entière au chagrin jaloux de les voir sauver par un autre. Ce fut l'honnêteté des mœurs publiques qui permit à Thémistocle d'être un grand homme (1) et de vaincre les Perses.

« Ce n'est pas tout, mon cher Aristias, c'est à ces malheureux talents des hommes vicieux que la Grèce a dû tous ses malheurs. Si le vice était stupide il ne serait jamais dangereux. C'est quand il se cache sous les

---

(1) Du temps d'Aristide et de Thémistocle, les hommes qui gouvernaient la république étaient rivaux et ne se haïssaient pas, ou, s'ils étaient ennemis, ils n'employaient pas pour se perdre les voies lâches et tortueuses du mensonge et de l'intrigue. C'était une noble émulation qui les portait à se surpasser les uns les autres. L'amour de la gloire et de la patrie épurait l'envie et la jalousie. Aristide et Thémistocle avaient toujours été d'un avis opposé; mais quand Xerxès menaça la Grèce, toute rivalité cessa entre eux, et ils ne songèrent qu'au bien de la patrie. Pé-

talents que, faisant illusion à tous les esprits, il porte un coup mortel à la république. A-t-elle un établissement avantageux qui gêne l'ambition ou l'avarice des citoyens? Un homme corrompu abuse de ses talents pour le décrier et réussit enfin à détruire des lois qui maintenaient l'ordre public. A-t-elle un défaut dans sa constitution ? C'est par là qu'il l'attaque, qu'il la renverse et s'élève sur ses ruines. Telle a toujours été la conduite des tyrans qui ont usurpé dans leurs villes la puissance souveraine. Ils ont employé leur génie à éluder la force des lois et à tromper l'autorité ou la vigilance des magistrats ; ils ont semé des soupçons ; ils ont fait naître des craintes et des espérances pour exciter des querelles ; ils les ont fomentées avec assez d'art pour persuader qu'ils n'aimaient que le bien public. Quand leur intérêt l'a demandé, les moindres divisions sont dégénérées en espèce de guerres civiles, et, en feignant de servir les gens de bien et de rétablir l'ordre, ils n'ont en effet établi que leur tyrannie. Périclès, dont le génie supérieur pouvait faire le bonheur d'Athènes et de la Grèce, n'a pas craint de corrompre nos mœurs (1) pour flatter et gagner la multitude,

riclès même, quelque jaloux qu'il fût de gouverner Athènes, fit rappeler Cimon de son exil quand il crut ses services indispensablement nécessaires à la république, et ils agirent de concert. « Tant, dit Plutarque, les inimitiés étaient alors civiles et honnêtes et le courroux facile à apaiser ! » Du temps de Phocion il n'en était plus ainsi. Les orateurs, vendus à Philippe, au roi de Perse ou à quelque cabale de citoyens puissants, étaient des hommes sur qui la vérité, l'amour de la patrie et le devoir n'avaient aucun droit.

(1) Phocion rappelle en peu de mots les trois grands torts

de nous rendre les tyrans de nos alliés pour se faire croire nécessaire, et d'allumer enfin la guerre fatale du Péloponèse pour raffermir son crédit chancelant et se dispenser de rendre compte de son administration. Avec les mêmes talents l'ambitieux Lysandre ne songea qu'à renverser le gouvernement de sa patrie pour s'ouvrir le chemin du trône qui lui était fermé. Quand il pouvait remettre en vigueur les anciennes lois, et rétablir les mœurs altérées par l'ambition d'une longue guerre, il ne travailla sourdement qu'à donner ses vices aux Lacédémoniens. Il trompa leur amour pour la gloire, il abusa de leur amour pour la patrie, et, sous prétexte d'affermir leur puissance, il les rendit avares,

de Périclès dans son administration. Il fit porter un décret par lequel l'État donnait une rétribution aux citoyens pour assister aux spectacles et aux jugements de la place publique ; il favorisa les progrès des arts inutiles et introduisit un luxe extrême dans Athènes, conduite qui, en le rendant très-agréable à la multitude, le mit à portée de gouverner arbitrairement. Il fit la guerre aux alliés de la république pour les forcer de payer des tributs et flatter en même temps l'ambition des Athéniens, que l'oisiveté de la paix aurait rendus inquiets et trop difficiles à gouverner. Enfin Périclès, qui pouvait empêcher une rupture entre sa patrie et Lacédémone, alluma la guerre du Péloponèse pour affermir son autorité dans un moment critique et ne pas rendre ses comptes. Après des reproches si bien mérités, on est étonné que Thucydide (liv. II, ch. xi) dise que Périclès « avait acquis son autorité par des voies légitimes, et que son crédit venait de son bon sens et de sa dignité. » J'aime mieux le jugement de Pausanias lorsqu'il dit (livre VIII, ch. iii) qu'on ne doit regarder ceux qui ont fait la guerre du Péloponèse que comme des furieux qui ont immolé tous les peuples de la Grèce à leur propre ambition et à leur intérêt particulier.

ambitieux, et ruina leurs forces avec leur réputation. Que de maux ne nous a pas causés Alcibiade, dont les talents séduisants servaient à faire excuser les vices? Et ses talents nous ont-ils dédommagés du ravage que ces vices ont fait parmi nous?

« La terre entière, mon cher Aristias, n'offre qu'un vaste tableau des erreurs de la politique. Elle s'égare presque toujours à la suite d'une fausse gloire; combien de préjugés, combien de vices même ne rend-elle pas respectables? Elle n'emploie que rarement les moyens propres à favoriser l'amour de la gloire. On n'a point compris combien ce sentiment est délicat, jaloux de ses droits, et combien il exige de ménagements. La menace le choque et la crainte l'éteint dans tous les cœurs. Qui croirait que les lois sanguinaires de Dracon fussent nées au milieu d'un peuple libre et qu'on voulait rendre vertueux? Elles ne nous auraient donné que des vertus d'esclave si nous avions eu la lâcheté d'y obéir. La peine de mort, qu'il décerne contre les moindres fautes, ne saurait être trop rare. Voulez-vous rendre l'amour de la gloire plus vif et plus général? que la honte vous suffise pour punir les coupables. Ce n'est qu'une morale outrée, et conduite par une haine aveugle contre les vices, qui les confond tous; en voulant faire aimer la vertu, elle détruit le sentiment d'humanité qui en est la base. Laissez à des Critias prodiguer le sang. Ne menacez de la mort que ces âmes serviles qui ne sont coupables que de crimes qui ne demandent aucun courage ou ces hommes dont l'atrocité ne suppose aucun retour à la vertu. C'est l'estime publique qui, étant la récompense naturelle de l'amour de la gloire, peut seule porter notre âme à un certain degré d'élévation. C'est ne pas connaître les hommes que de vouloir les exciter aux grandes actions autrement que par une branche de laurier ou une statue. C'est avilir la vertu, c'est la profaner, que lui présenter un prix que l'avarice et la convoitise peuvent seules désirer. On dirait que le roi de Perse regarde l'honneur comme une marchandise qui s'évalue et s'échange au poids de l'or et de l'argent. Si Philippe n'était pas plus habile que ce monarque de l'Asie, la Grèce ne le redouterait point. Son or ne lui sert qu'à faire et acheter des traîtres parmi nous; il nous le prodigue, mais il en est avare dans ses États. C'est en ménageant adroitement l'estime publique chez ses sujets que la Macédoine, d'où il ne venait pas même autrefois de bons esclaves, commence à produire aujourd'hui des citoyens propres à tous les devoirs et à tous les besoins de la société. Quand l'espérance d'acquérir des richesses porterait à l'héroïsme, leur possession ne l'étoufferait-elle pas ? « Que vaut, disent les « Perses, cette récompense que j'ai reçue ? « Combien rapporte cette satrapie ? Quels « sont les profits de cette charge du palais ? » Voilà donc les fruits qu'a produits la politique aveugle et prodigue des successeurs de Cyrus. Princes malheureux, en comblant de biens vos courtisans vous êtes parvenus à n'en faire que des esclaves et des mercenaires ; ils ne sont plus dignes que des récompenses qu'ils reçoivent.

« Si je ne me trompe, mon cher Aristias, les réflexions dont je viens de vous entretenir suffisent pour vous faire voir combien la tempérance, l'amour du travail et l'amour de la gloire, en nous débarrassant d'une foule de passions contraires aux intérêts de la société, nous portent sans effort à la pratique de la justice, de la prudence et du courage. Je ne m'en tiendrai cependant pas là, car, tandis que nos passions, toujours éveillées par les objets qui frappent notre imagination et nos sens, sont dans une action continuelle, notre raison, sujette à de fréquents assoupissements, n'est que trop disposée à se laisser tromper. Quelque solidement établi que paraisse l'empire des bonnes mœurs par le concours de plusieurs vertus qui se soutiennent et s'étayent réciproquement, nous ne devons donc point nous flatter qu'il sera inébranlable tant que nous n'aurons que des hommes pour magistrats. Vous prendrez toutes les précautions imaginées par Socrate et Platon pour en faire des Aristide, je le veux; ils seront infatigables et incorruptibles, j'y consens; mais ces magistrats seront hommes, ils ne verront que les actions extérieures du citoyen, et souvent ils viendront trop tard au secours des mœurs, de la justice et des lois offensées. Il serait à souhaiter, pour étouffer le germe même du vice, qu'il leur fût permis de descendre dans nos consciences, de sonder les profondeurs de notre cœur et de juger nos pensées et nos désirs quand ils naissent. Mais les dieux se sont réservé à eux seuls cette connaissance; et puisque le privilége de juger nos pensées et nos intentions, s'il était accordé à un homme, établirait sa tyrannie, puisqu'il ouvrirait une porte libre aux passions du magistrat, peut-être plus funestes à la société que celles du citoyen, je voudrais que tous les hommes fussent persuadés de cette vérité importante que la Providence, qui gouverne le monde et qui voit les mouvements les plus secrets de notre âme, punira le vice et récompensera la vertu dans une autre vie. Cette doctrine, fondée sur la justice des dieux, si chère à notre raison, si proportionnée à nos besoins, n'est effrayante que pour nos passions. C'est pour étonner par des paradoxes ou secouer le joug d'une crainte salutaire que les sophistes ont méconnu cet Être suprême, qui est le principe de tout, et dont le nom est écrit en caractères ineffaçables sur toutes les parties de son ouvrage. Ils ont dit qu'un hasard ridicule, qui avait tout fait, présidait à rien. Pour ne pas fatiguer je ne sais quels dieux paresseux et voluptueux qu'ils ont imaginés, ils ne veulent point que leurs regards descendent jusque sur la terre. Ce fleuve ténébreux, qui entoure neuf fois la demeure des morts, ces campagnes toujours fleuries, qu'habitent les gens de bien, la roue d'Ixion, le vautour de Prométhée, les Euménides, leurs serpents sont d'ingénieuses fictions. Mais en conclurai-je qu'aucune récompense n'attend la vertu après la mort, que le vice sera impuni, et qu'il est insensé de se donner la peine de résister à ses passions, et d'être vertueux? On ne se porte point subitement et sans crainte à une première injustice; l'âme, étonnée, s'y refuse souvent, et le crime, en un mot, a ses degrés, parce que les scélérats ont besoin de s'essayer à la scélératesse. D'abord on se familiarise avec l'idée du crime, on cherche ensuite les moyens de tromper la vigilance des magistrats et d'échapper à la rigueur des lois. A mesure qu'on médite son injustice, on la caresse pour ainsi dire, on s'en abreuve, on s'en nourrit, et on l'exécute enfin avec audace et sans remords. Mais si le coupable eût su qu'il a un juge qu'on ne trompe point, et auquel il ne peut échapper, la crainte aurait sans doute produit un effet salutaire sur son cœur et réprimé ses passions dans les temps qu'elles pouvaient encore obéir à la règle.

« Les sophistes ont beau dire, mon cher Aristias, que les hommes les plus religieux sont les moins vertueux, ils se trompent; ils appellent religion ce qui n'est que superstition ou hypocrisie. Ils regardent comme un homme pieux cet imbécile qui, dupe de quelques vaines explations, ne sait ni ce que le ciel lui ordonne ni ce qu'il lui défend, ou ce fourbe qui feint de craindre les dieux pour mieux tromper les hommes; mais, si le sentiment de la religion est saint, comme le Dieu éternel et infini qu'elle adore, quelle force ne doit-il pas prêter aux lois? Il inspirera certainement un respect timide aux passions. L'impiété de Salmonée et d'Ajax, qui ne révéraient que des dieux pareils à eux, ne prouve rien. Je consens même qu'il puisse y avoir des impies qui, dans l'accès de leur rage, bravent, non pas Mars, Vénus, ou tel autre dieu d'Homère qu'il vous plaira, mais cet .tre suprême qu'adorait Socrate, qu'en concluront les sophistes? Ce qui est inutile à dix ou douze insensés dans le monde sera-t-il également inutile à tous les hommes? Parce que les lois, les magistrats et les châtiments que la politique emploie pour mettre une barrière entre les hommes et le crime ne produisent aucun effet sur quelques âmes atroces, faudra-t-il ne regarder la législation que comme une ressource vaine pour nous conduire au bien? Faut-il détruire les lois et dépouiller les magistrats de leur autorité? Je sais combien nous sommes esclaves de nos sens. Les passions, en troublant notre raison, peuvent sans doute nous distraire de la crainte des dieux, mais cette crainte est toujours un frein de plus. D'ailleurs, leur ivresse ne dure pas toujours. La raison a ses instants pour se reconnaître, et l'idée d'un Dieu vengeur doit alors étonner et troubler salutairement

un coupable. L'âge enfin survient, les passions s'affaiblissent, et les sentiments de religion font du moins réparer des maux qu'ils
n'ont pu prévenir. On déteste ses erreurs et
on donne des exemples de vertu propres à
instruire les jeunes gens de leurs devoirs. »

Je vous parlerais encore, mon cher Cléophane, de l'amour de la patrie, si Phocion
avait voulu répondre à l'impatience d'Aristias.

« Bornons-nous aujourd'hui à l'examen des
vertus dont je viens de vous parler ; demain,
nous dit-il, je satisferai votre curiosité. »

QUATRIÈME ENTRETIEN

Phocion nous avait donné rendez-vous à sa maison de campagne pour notre quatrième entretien, et je m'y rendis hier avec Aristias. Oh! l'heureuse mélite! oh! le fortuné hameau, mon cher Cléophane, qui sert de retraite au plus sage des hommes! C'est là que Phocion, aussi grand qu'à la tête de nos armées, médite le salut de la république et cultive de ses mains victorieuses l'héritage borné qu'il tient de ses pères. La femme de cet homme qui a porté la guerre dans de riches provinces pétrissait le pain quand nous entrâmes chez elle (1). Phocion tirait de

(1) Plutarque rapporte qu'Alexandre voulut faire un présent de cent talents à Phocion, et que les envoyés de ce prince trouvèrent ce grand homme qui tirait de l'eau au puits pour se laver les pieds et sa femme qui pétrissait le pain.

l'eau au puits pour arroser les légumes grossiers qu'il a semés, et leur esclave semblait ne remplir à leur égard que les devoirs de l'amitié. Qu'Homère avait raison! le plus bel ornement d'une maison c'est la vertu de son maître. Je crus entrer dans un temple plein du dieu qui l'habite. Je lus sur le visage d'Aristias le respect dont il était pénétré. Que la pauvreté est quelquefois auguste! Hélas! mon cher Cléophane, la plupart de nos citoyens n'y entendent rien. En ornant leurs maisons de statues, de vases et des plus rares peintures, ils croient mériter de l'estime publique et font seulement admirer la folle impudence avec laquelle ils osent élever des trophées à leurs rapines et à leurs injustices.

« Jusqu'à présent, nous dit Phocion après que nous l'eûmes prié de nous continuer ses instructions, nous nous sommes entretenus des vertus que la politique doit regarder comme les fondements de la société et les principes du bon ordre. Si vous le voulez, nous entrerons aujourd'hui dans quelques détails qui ne sont pas moins importants. »

« Mon cher Aristias, continua-t-il en souriant, malgré la sévérité de ma morale, je vous ai un peu scandalisé. Dans notre dernier entretien, vous m'avez laissé voir votre étonnement au sujet de mon silence sur l'amour de la patrie. Voici les raisons de ce silence, jugez-les. J'ai cru que je devais vous parler des vertus dans l'ordre même que la politique doit les ranger pour en rendre la pratique plus aisée et plus familière. Il n'y a point et il ne peut y avoir d'amour de la patrie dans les États où il n'y a ni tempérance, ni amour du travail, ni amour de la gloire, ni respect pour les dieux. Le citoyen, occupé de lui seul, s'y regarde comme un étranger

au milieu de ses concitoyens. Dans une république, au contraire, où ces vertus sont
cultivées avec soin, l'amour de la patrie y
naîtra de lui-même et produira sans secours
des fruits abondants. Vous voyez donc, mon
cher Aristias, qu'il ne doit point être placé
dans la classe de ces vertus que j'ai appelées
mères ou auxiliaires. »

Je ne saurais vous peindre, mon cher Cléophane, l'étonnement d'Aristias à ce discours.
Quoique subjugué par la sagesse de Phocion,
il ne peut s'empêcher de l'interrompre.

« Eh! quoi, Phocion, lui dit-il avec chaleur, peut-il y avoir une vertu qui ne le cède
même à l'amour de la patrie? C'est lui qui est
l'âme de toutes les vertus du citoyen, il tient
lieu souvent de toutes. Il produira à son gré
la tempérance, il fera supporter avec courage
les travaux les plus pénibles, il méprisera
tous les dangers. Ces barbares que nous re-
gardons comme la lie du genre humain, leur
refuserions-nous notre estime s'ils aimaient
leur patrie et savaient vivre et mourir pour
elle? N'est-ce pas parce que la nôtre nous devient de jour en jour plus indifférente que
nous craignons aujourd'hui des voisins qui
nous respectaient autrefois et que nous sommes prêts à subir le joug de la Macédoine?

— Que cette chaleur me plaît! s'écria Phocion en embrassant tendrement Aristias, et
plût aux dieux protecteurs de la Grèce que
tous les Grecs pensassent comme vous!

— Ah! mon maître! ah! Phocion! reprit
Aristias, dont la surprise augmentait encore,
pourquoi vous plaisez-vous à m'embarrasser?
Pourquoi faites-vous ce vœu si je suis dans
l'erreur?

— C'est que nos citoyens, répondit Phocion,
auraient au moins une vertu, ils commence-
raient à rougir de leurs vices, leur âme au-

rait encore quelque ressort, et tout ne serait pas désespéré. Non, Aristias, l'amour de la patrie, s'il n'est enté sur d'autres vertus, ne produira point les miracles que vous imaginez. S'il s'allume par hasard dans des citoyens livrés aux plaisirs, paresseux et indifférents sur la gloire, ce ne sera qu'un engouement passager, sur lequel il serait imprudent de compter et dont la politique ne peut tirer un avantage durable. Cette plante, née pour ainsi dire dans une terre étrangère et mal préparée à la recevoir et la nourrir, y mourrait en naissant. L'amour ne s'ordonne point; si vous voulez que le citoyen aime sa patrie, ouvrez son âme à cette vertu par la pratique de celles dont je vous parlais hier.

— J'y consens, repartit vivement Aristias; mais du moins, Phocion, vous allez placer l'amour de la patrie au rang de ces vertus sublimes d'où découlent tous les biens de la société. Qu'avec la justice, la prudence et le courage, il soit le terme où la politique doit nous conduire par la tempérance, l'amour du travail, l'amour de la gloire et la crainte des dieux.

— Je vous tromperais par cette complaisance, reprit Phocion en badinant, et il ne dépend pas de moi de disposer du rang des vertus comme un maître de celui de ses esclaves. »

« Par la nature des choses, poursuivit Phocion, il y a des vertus qui n'ont besoin que de se consulter elles-mêmes pour agir, et toujours produire le bien; tels sont la justice, la prudence et le courage. Mais d'autres vertus sont subordonnées entre elles, et c'est à la vertu supérieure à diriger celle qui lui est soumise. Vous m'allez entendre. La morale, par exemple, nous ordonne d'être économes, généreux, compatissants, mais ces qualités

deviendraient autant de vices si elles n'é-
taient gouvernées par une vertu supérieure,
la justice. Mon économie sera criminelle si je
manque à ce que la justice exige de moi à
l'égard de mes proches et de mes concitoyens.
Je suis coupable, à force de générosité, si je
prodigue ma fortune à mes amis aux dépens
de mes créanciers. Je dois plaindre les coupables, les malheureux, mais sans faiblesse,
pour ne pas sacrifier les lois et la république.

« J'en suis fâché pour vous, mon cher Aristias; il en est de l'amour de la patrie, comme
de l'économie, de la générosité, etc. Soumis
comme elles à une vertu supérieure, il doit
comme elles lui obéir, ou ses erreurs, loin de
servir la république, en précipiteront la décadence. Cette vertu supérieure à l'amour de
la patrie (1), c'est l'amour de l'humanité.

(1) Les Grecs, en général, regardaient l'amour de la patrie comme la première vertu du citoyen, et il semble que,
dans presque toutes les républiques, les législateurs ont
été plus occupés à l'inspirer, à l'étendre, à lui donner des
forces, qu'à connaître les bornes que la raison lui assigne,
ou plutôt la manière dont la raison doit le diriger et le
gouverner. La doctrine que Phocion expose à Aristias doit
paraître très-sage ; c'est la seule avantageuse aux hommes,
et je ne crois pas qu'aucun de ses lecteurs se refuse à l'é-
vidence de ses raisonnement Aussi ne prétends-je rien y
ajouter; mais j'espère qu'on me permettra de rechercher
dans cette remarque les causes qui ont empêché les sociétés de connaître leurs devoirs réciproques, connaissance
qui leur est absolument nécessaire, et sans laquelle l'a-
mour de la patrie n'est qu'un emportement aveugle et injuste, qui produit une grande partie des malheurs dont
l'humanité est affligée.

Si les hommes ont été longtemps à sentir la nécessité
de s'unir en société, s'il a fallu une longue expérience de

« Etendez votre vue, mon cher Aristias, au delà des murailles d'Athènes. Est-il rien de

maux pour apprendre à chaque particulier l'avantage qu'il trouverait à renoncer à son indépendance naturelle et se soumettre à des lois et des magistrats, il était naturel que les sociétés fussent encore infiniment plus lentes à contracter des alliances entre elles. Des citoyens farouches, et accoutumés dans l'état de nature à obéir à leurs premiers mouvements, ne doivent former encore, pendant plusieurs siècles, que des sociétés sauvages. Ces premières sociétés ou associations de brigands conservèrent contre leurs voisins la férocité que les citoyens avaient à peine dépouillée les uns à l'égard des autres; ne pouvant s'inspirer mutuellement aucune confiance, elles se regardèrent comme ennemies, et une haine plus ou moins brutale fut l'âme de leur politique.

Si nous abusons souvent de notre courage et de nos forces, nous qui nous piquons aujourd'hui de philosophie; si, malgré les idées que nous avons enfin de la justice et du droit des gens, nous aimons mieux être conquérants que justes; si des victoires chatouillent agréablement notre orgueil; si nous trouvons communément Alexandre plus grand qu'Aristide, la force, le courage, la violence ne durent-ils pas être regardés, dans des sociétés encore sauvages, comme les vertus les plus essentielles? Combien l'estime attachée à ces qualités ne dut-elle pas faire naître de passions et de préjugés propres à empêcher les premiers essors de la raison! Plus les soldats revenaient chargés de butin, plus l'avarice de leurs femmes et de leurs vieillards leur prodigua de louanges ; plus leurs courses étaient étendues, plus l'admiration fut excitée; plus les ravages étaient grands, plus on avait une haute idée des soldats qui les avaient faits. Les vaincus, en succombant, n'osaient se plaindre, dans la crainte d'aigrir des vainqueurs féroces, irrités par la victoire, et qui n'avaient pas encore la prudence de craindre un revers. Tandis que ceux-ci s'enivraient de leur prospérité, les autres s'humiliaient pour les fléchir, et cependant ne désespéraient pas de se venger. La modé-

plus opposé à ce bonheur de la société, dont
nous recherchons le principe, que ces haines,

ration, passant pour faiblesse, aurait été méprisée comme
la poltronnerie. Plus on fit de mal à ses ennemis vaincus,
plus on crut imposer à ses voisins et donner des preuves
de son courage et de son habileté. Une fausse gloire éblouit
et trompa tous les esprits, et dans ce silence de la raison,
qui ne savait pas encore qu'elle eût des droits à réclamer,
le préjugé persuada que tout était permis au plus fort.

De là ce droit des gens féroce et cruel des anciens les
plus célèbres, même par leur sagesse, leur générosité et
la politesse de leurs mœurs; on croyait qu'une déclaration
de guerre était un arrêt de mort prononcé contre une nation. En partant de ce principe odieux, les droits de la
guerre ne devaient connaître aucune borne, et les prisonniers mêmes qui s'étaient rendus à leurs ennemis, en po-
sant les armes, ne conservaient la vie qu'en devenant esclaves. Les Grecs furent plongés pendant longtemps dans
cette barbarie : on sait quel fut le sort des Hilotes et des
Messéniens vaincus. Ils parvinrent, ainsi que le remarque
Phocion, à regarder la Grèce entière comme leur patrie
commune. Mais s'ils observaient entre eux plusieurs règles de l'humanité, il s'en fallait beaucoup qu'ils les pra-
tiquassent à l'égard des étrangers. Ils les traitaient de
barbares, ils les méprisaient, ils pensaient ne leur rien
devoir, et croyaient que la nature, les faisant moins braves
et moins éclairés qu'eux, les destinait à être esclaves.

Les Romains, qui n'eurent d'abord qu'un mot pour ex-
primer un ennemi et un voisin, commencèrent par être des
brigands. Ils volèrent des femmes et vécurent de butin;
mais ils acquirent assez promptement des mœurs et montrèrent beaucoup de modération à l'égard des étrangers
depuis l'exil des Tarquins jusqu'au temps qu'ils succom-
bèrent sous le poids d'une trop grande fortune, et que,
abusant enfin des avantages de la victoire, ils sapèrent les
fondements de la république. Ils ne firent point de guerre
injuste; jamais ils ne commencèrent les hostilités qu'a-
près avoir rempli plusieurs formalités qui annonçaient leur

ces jalousies, ces rivalités qui divisent les
nations? La nature a-t-elle fait les hommes

amour pour la justice. Ils respectèrent avec plus de religion que les autres peuples les droits de l'humanité dans
leurs ennemis vaincus et montrèrent même de l'estime à
ceux qui surent s'en rendre dignes.

On se rappelle toujours avec plaisir que les Privernates,
ayant soutenu plusieurs guerres opiniâtres contre la république romaine, essuyèrent une perte si considérable
que, obligés de fuir et de se cacher dans leur ville même,
ils y furent assiégés par le consul Plautius. Prêts à succomber, ils envoyèrent des ambassadeurs à Rome pour y
négocier la paix, et le sénat leur ayant demandé quel châtiment ils croyaient mériter : « Celui, répondirent-ils, que
méritent des hommes qui, se croyant dignes d'être libres,
ont tout tenté pour conserver la liberté qu'ils ont reçue de
leurs pères. — Mais, reprit le consul, si Rome vous fait
grâce, peut-elle se promettre que désormais vous observe-
rez religieusement la paix? — Oui, répliquèrent les ambassadeurs, si les conditions en sont justes, humaines et
ne nous font pas rougir ; mais si cette paix est honteuse,
n'espérez pas que la nécessité qui nous la fera recevoir aujourd'hui nous la fasse observer demain. » Quelqnes sénateurs furent indignés de l'orgueil de cette réponse ; mais
le sénat, ce corps où les lumières et le courage domi-
naient, approuva les ambassadeurs privernates, et, confor-
mément à ses principes, jugea que des ennemis que leurs
disgrâces n'avaient pas abattus méritaient l'honneur d'être
faits citoyens romains.

Quelque magnanimité, quelque sagesse qu'eussent les
Romains, leur droit des gens était encore bien éloigné du
point de perfection où le doit porter la saine philosophie,
qui n'est point distinguée de la saine politique. Bienfai-
sants et humains en conquérants qui étaient bien aises
d'avoir des ennemis à combattre pour avoir un prétexte
d'exercer leurs forces et d'étendre leur empire, on croit
voir leur ambition à travers leur modération, ou plutôt on
croirait que leur vertu n'est qu'un art pour éblouir leurs

pour se déchirer et se dévorer? Si elle leur
ordonne de s'aimer, comment la politique se-

alliés, tromper leurs ennemis et rendre leurs succès plus
faciles.

C'eût été un prodige que les peuples eussent pratiqué
un droit des gens plus humain avant que la doctrine de
Phocion sur l'amour de la patrie fût connue, et elle ne
pouvait point l'être avant que des philosophes eussent découvert les erreurs de nos passions et démontré, en com-
parant les faits, que la politique, loin de travailler à la
prospérité d'un État, en hâte la décadence et la ruine si
elle ne regarde pas l'amour de l'humanité comme une vertu
supérieure qui doit régler et diriger l'amour de la patrie.
Les gouvernements monarchiques et les aristocraties, qui
ne connaissent presque jamais ce que se doivent les mem-
bres d'une même société, sont encore moins disposés à
connaître leurs devoirs à l'égard des étrangers. Dans les
démocraties, la multitude, qui est souveraine, est inconstante, orgueilleuse, emportée, vindicative; que de passions
doivent lui cacher la vérité et ses vrais intérêts! Dans les
autres républiques, telles que Sparte et Rome, où le partage de la puissance publique et la liberté, soumise aux
lois, donnent aux citoyens mille vertus, l'amour de la patrie lui-même leur inspire communément une certaine vanité et une certaine hauteur incapables de s'allier avec la
pratique des devoirs de l'humanité envers les étrangers.

Les Grecs restèrent dans leur ignorance jusqu'au temps
de Socrate, qui, le premier des philosophes, appliquant la
philosophie à l'étude des mœurs, se crut citoyen de tous
les lieux où il y a des hommes. Il publia d'immortelles
vérités; mais la Grèce, qui deux siècles auparavant aurait
pu les adopter, n'était plus capable de les entendre. Socrate parlait de l'amour de l'humanité à des hommes qui
n'avaient plus même l'amour de la patrie. La guerre du
Péloponèse armait toutes les villes de la Grèce les unes
contre les autres. Déchirées par leurs dissensions domestiques, elles n'avaient plus d'autre règle de conduite que
l'ambition, l'avarice la crainte ou l'audace de leurs magis-

rait-elle sage en voulant que l'amour de la
patrie portât les citoyens à rechercher le bon-

trats et des citoyens intrigants qui les gouvernaient. Socrate eut quelques disciples qui, par prudence, ne prirent
aucune part à l'administration des affaires publiques. Les
troubles de la Grèce augmentèrent encore après que l'imprudente Lacédémone, se laissant conduire par Lysandre,
eut renoncé ouvertement à ses vertus pour se livrer à l'ambition.

Quels temps pour parler des devoirs mutuels des peuples que les règnes de Philippe, d'Alexandre et de leurs
ambitieux successeurs! La vérité fut étouffée en naissant,
ou du moins ne sortit point des écoles que quelques philosophes tenaient à Athènes.

La philosophie de Socrate et de Platon passa de la Grèce
à Rome; mais il semble que rien n'arrive à propos dans ce
monde. Si les Romains avaient conservé leurs anciennes
mœurs, sans doute qu'ils auraient adopté des principes propres à s'allier avec leur modération et leur amour de la justice et de la pauvreté; mais, corrompus par leur fortune,
ils ne voulaient plus être que les tyrans des nations dont
la vertu de leurs pères les avait rendus les maîtres. Dans
les mêmes ouvrages où Cicéron, plein du génie de Socrate
et de Platon, enseignait que tous les hommes sont frères;
qu'ils doivent s'aimer, se secourir, se faire du bien; qu'il
ne faut regarder la terre entière que comme une grande
cité dont les quartiers différents ne doivent pas avoir des
intérêts opposés, il se plaint qu'il n'y ait plus d'amour de
la patrie ni aucune autre vertu dans Rome et que la république soit anéantie. « Nous sommes tombés, dit-il, dans
un abîme immense de calamités. Tout a changé de face
parmi nous depuis que les violences que nous exerçons sur
les étrangers nous ont enhardis par degrés à être injustes
et cruels envers les citoyens. L'avarice, l'insolence et l'esprit de tyrannie, après avoir fait taire les lois, ont commis
tant de concussions, de rapines et de brigandages sur nos
alliés, que nous subsistons plutôt par l'imbécillité de nos
ennemis, qui ne savent pas profiter de notre faiblesse, que

heur de leur république dans le malheur de ses voisins? Faisons disparaître ces fron-

par aucune sorte de vertu qui nous mette en état de nous défendre. »

La philosophie de Cicéron ne devait pas avoir un meilleur sort à Rome que celle de Socrate dans la Grèce. Tout le monde sait que les guerres civiles que produisit la licence des citoyens firent place à la tyrannie des empereurs. Les successeurs d'Auguste, semblables à ce Critias dont il est parlé dans les *Entretiens de Phocion*, auraient voulu ôter aux hommes jusqu'à la faculté de penser. Toute lumière fut donc éteinte dans l'étendue de la domination romaine, et au delà de ses limites il n'y avait que des nations sauvages, pareilles à ces sociétés naissantes dont j'ai parlé au commencement de cette remarque.

Au milieu des délateurs, des proscriptions, de la servitude la plus humiliante et de la tyrannie la plus sanguinaire, comment le Romain, qui ignorait ce qu'il se devait à lui-même, ce qu'il devait à ses concitoyens et à sa patrie, aurait-il soupçonné qu'il avait des devoirs à remplir envers les étrangers? Les maux de l'empire étaient tels que Nerva, Trajan, Antonin et Marc-Aurèle ne purent que les suspendre pendant quelques moments et non pas y remédier. La puissance publique étant entre les mains des soldats, toujours prêts à sacrifier les empereurs à leurs caprices, on ne pouvait pas même espérer d'être longtemps gouverné par les mêmes vices et les mêmes passions.

Le monde sembla rentrer dans sa première barbarie en passant sous la domination des Goths, des Vandales, des Huns, des Bourguignons, des Francs, des Saxons, etc., qui, après avoir longtemps vexé, déchiré et pillé les provinces romaines, les partagèrent entre eux. Ils conservèrent dans leurs conquêtes les mœurs, les lois et le gouvernement qu'ils avaient apportés des forêts de Germanie. Il ne pouvait y avoir aucun droit des gens pour des hommes qui trouvaient beau de vivre de pillage et de butin. Le christianisme, qu'ils embrassèrent, et qui devait les instruire de tous les devoirs de l'humanité, les laissa dans

tières, ces limites qui séparent l'Attique de la
Grèce et la Grèce des provinces des Barbares,

leur première ignorance, parce qu'ils se contentèrent d'en
croire les dogmes sans en adopter la morale. Elle était en
effet trop sublime pour des sauvages qui ne commençaient
à perdre un peu de leur férocité qu'en prenant quelques
vices abjects et bas des vaincus.

Jamais les hommes ne furent témoins de révolutions
plus subites et plus extraordinaires que celles qu'ils éprouvèrent sous le gouvernement des peuples du Nord et de la
Scythie. Chaque jour il se formait une nouvelle monarchie, chaque jour il en périssait une à peine formée. Quand
enfin les Barbares, affaiblis par leurs guerres, commencèrent à être plus tranquilles dans leurs conquêtes, le gouvernement des fiefs, né chez les Français, se répandit
promptement dans toute l'Europe, c'est-à-dire qu'on n'y vit
plus que des tyrans impitoyables ou des esclaves qui les
servaient. On n'avait aucune loi politique ni civile, on ne
conservait aucune idée ni des conventions expresses ou
présumées qui ont formé la société, ni de l'objet qu'elle
doit se proposer. La force décidait seule du droit entre des
suzerains et des vassaux qui ne formaient qu'un seul
royaume en formant cent principautés différentes. On n'a-
vait pour se conduire que des coutumes incertaines, aux-
quelles la liberté des passions et la bizarrerie des événements ne permettaient pas de prendre une certaine
consistance. Veut-on enfin se faire une idée de la morale
de ces siècles barbares ? Qu'on se rappelle que la pitié
même prit une teinture du brigandage que le gouvernement des fiefs avait accrédité. Les croisades furent re-
gardées comme un acte de religion propre à honorer
Dieu.

L'Europe, lasse de ses malheurs et fatiguée de ses dissensions, commença, si je puis parler ainsi, à vouloir mettre quelque méthode dans le désordre. On fit des lois ab-
surdes et injustes, et c'était beaucoup que de savoir qu'il
fallait avoir des lois. On soupçonna que la société avait besoin d'une puissance législative, mais on fut encore long-

et il me semble que ma raison s'étend, que
mon esprit s'élève, que tout mon être s'a-

temps à refuser de lui obéir. Il fallait créer une jurisprudence, et les personnes assez instruites pour savoir lire
n'avaient pour modèles que les jurisconsultes de l'empire,
dont les ouvrages, sans principes et sans ordre, sont autant de preuves de la misérable servitude où les lois étaient
tombées. Les rescrits toujours arbitraires des empereurs,
les sentences souvent opposées des magistrats, voilà la base
de leurs connaissances, et, comme le remarque un homme
habile en cette matière, aucun de ces jurisconsultes n'a-
vait même songé à traiter du droit de nature et des gens.

J'abrége l'histoire honteuse de notre barbarie. L'Europe
ne prit enfin une face nouvelle que quand l'autorité et la
subordination s'établirent dans les États, et que les let-
tres, réfugiées à Constantinople, passèrent en Italie après
la ruine de l'empire d'Orient. On commença à lire les anciens, et, par des progrès assez rapides, on se mit à portée de cultiver les sciences, qui, en éclairant l'esprit, préparent le cœur à aimer l'ordre, les lois et la morale; mais
si l'intérieur des États était déjà plus policé, on sait l'indigne politique qu'ils pratiquèrent les uns à l'égard des autres. La lecture de Platon et de Cicéron devait mettre nos
pères sur le chemin de la vérité; mais les préjugés étaient
trop anciens et trop répandus pour être dissipés en un moment. Loin de rougir de la perfidie, on se faisait un honneur d'être sans foi. L'ambition aveugle se croyait tout
permis. On raisonnait déjà, et on croyait encore que le
droit des gens, fondé sur des conventions arbitraires, n'é-
tait pas distingué de l'usage reçu et pratiqué entre les peuples civilisés, et que, en obéissant à cet usage, on ne se
rend jamais criminel. A la honte de la raison humaine, on
raisonna d'après les faits pour juger de ce qui est permis
ou défendu, et on ne s'avisa que tard de soumettre ces faits
à l'examen de la raison.

Les principes du droit naturel sont simples, clairs et évi-
dents, et il y a longtemps que la philosophie, qui, à de
certains égards, a fait de si grands progrès, devrait ne

grandit et se perfectionne. S'il est doux pour moi de voir que mes concitoyens veillent à ma sûreté, combien n'est-il pas plus agréable de penser que le monde entier doit travailler à mon bonheur? Comment s'est-il pu faire que des hommes qui renoncèrent à leur indépendance et formèrent des sociétés parce qu'ils sentirent le besoin qu'ils avaient les uns des autres n'aient pas vu que les sociétés ont les mêmes besoins de s'aider, de se secourir, de s'aimer, et n'en aient pas conclu sur-le-champ qu'elles devaient observer entre elles les mêmes règles d'ordre, d'union et de bienveillance que les citoyens d'une même bourgade ont entre eux ? Que la raison est lente à profiter des lumières de l'expérience et à secouer le joug de l'habitude, des préjugés et des passions! Excusons nos premières républiques de n'avoir connu pendant longtemps d'autre droit que celui de la force.

« Sans m'arrêter, Aristias, à vous peindre les mœurs de ces Grecs farouches, avides de pillage, et dont les capitaines étaient reçus comme des dieux dans leurs peuplades quand

nous rien laisser à désirer sur la nature des devoirs réciproques des sociétés. Quelques auteurs, qui ont traité cette matière, bien loin de chercher la vérité, n'ont voulu que la déguiser. Les uns n'ont osé croire que la politique des puissances de l'Europe fût injuste, les autres n'ont osé le dire. Des écrits faits pour nous instruire n'ont servi qu'à perpétuer notre ignorance et nos préjugés. Pendant qu'on ignore les lois par lesquelles la nature lie tous les hommes, pendant qu'on ne cherche qu'à rétablir un droit des nations favorable à l'ambition, à l'avarice et à la force, peut-on être disposé à penser avec Socrate, Platon, Phocion et Cicéron, que l'amour de la patrie, subordonné à l'amour de l'humanité, doit le prendre pour son guide, ou on s'expose à produire de grands malheurs?

ils y revenaient chargés de butin et suivis des esclaves qu'ils avaient faits sur les terres de leurs voisins, il est certain qu'ils aimaient leur patrie. Ils voulaient sans doute la rendre riche et florissante au dedans et redoutable au dehors. Mais cet amour aveugle de la patrie, quel bien leur procurait-il? Il ne donna qu'une bravoure plus féroce à des hommes qui n'avaient aucune des vertus qui honorent des êtres raisonnables. Il les porta à des entreprises injustes et violentes. Ces triomphes cruels, dont le vainqueur avait la stupidité de s'applaudir, ne lui annonçaient que la haine et la vengeance de ses voisins, et des malheurs pour l'avenir. En effet, le doux nom de paix fut ignoré pendant longtemps dans la Grèce. On ne vit de toutes parts que des peuples errants et fugitifs qui, après avoir été chassés de leurs maisons, y revinrent égorger les conquérants; chaque jour une nouvelle révolution faisait périr quelque bourgade de nos pères. Ce n'est que lassés et vaincus par leurs malheurs qu'ils ouvrirent enfin les yeux. Chacune de nos républiques, toujours incertaine de recueillir dans ses champs les fruits que le citoyen y avait cultivés, et toujours à la veille d'être subjuguée et asservie, soupçonna que ses haines, ses jalousies, sa barbarie, pourraient bien ne lui être pas aussi avantageuses qu'elle le croyait, et comprit qu'il n'y a point d'État qui n'ait besoin de l'amitié de ses voisins. Nous commençâmes alors à faire des traités et des alliances. A mesure que nous apprîmes à distinguer un voisin d'un ennemi, la Grèce se poliça, les soupçons et les haines s'éteignirent, on rechercha les devoirs que la nature impose aux sociétés. Le droit des nations n'est plus inconnu, déjà on en découvre quelques lois, et l'amour de la patrie, dirigé par quelques principes et uni à quelques vertus, commença à produire quelque bien. Amphyction lia par une ligue plusieurs de nos villes, mais ce n'était encore là qu'une ébauche bien imparfaite du bonheur des Grecs. C'est Lycurgue, dont on ne peut jamais assez admirer la sagesse et les lumières, qui le premier des hommes comprit combien il importe à un Etat qui veut se mettre à l'abri des insultes de ses voisins de suivre à leur égard les lois de cette alliance éternelle que la nature établit entre tous les hommes. Il voulut que l'amour de la patrie, jusqu'alors injuste, féroce et ambitieux, fût épuré dans Lacédémone par l'amour de l'humanité. Sa république bienfaisante, ne se servant plus de ses forces que pour protéger la faiblesse et défendre les droits de la justice, mérita en peu de temps l'estime, l'amitié et le respect de toute la Grèce, à qui ses sentiments donnèrent un goût nouveau pour la vertu. Les ennemis de Sparte cessèrent de la haïr et recherchèrent son alliance. Ses alliés, dont la reconnaissance n'était altérée par aucune crainte ni même par aucun soupçon, devinrent les appuis et les garants de son repos et de sa sûreté. Les Spartiates, en faisant leur bonheur, firent celui de tous les Grecs, Corinthiens, Thébains, Achéens, Athéniens, etc. Nous ne regardions tous comme notre patrie que le coin de terre où nous étions nés; mais bientôt, réunis par une bienveillance générale, la Grèce devint notre patrie commune, et nos villes, qui n'avaient senti que leur faiblesse et des alarmes au milieu de leurs divisions, formèrent une république florissante et capable de triompher de toutes les forces de l'Asie.

« O mon cher Aristias! pourquoi nous croyons-nous étrangers hors des murailles de nos villes? Pourquoi ces rivalités, ces haines, ces guerres cruelles? La nature avare n'a-t-elle départi aux hommes qu'une faible portion de bonheur qu'il faille conquérir les armes à la main? Nous n'avons tous qu'à connaître nos vrais intérêts pour être tous heureux. »

« S'il est sage à un simple citoyen, poursuivit Phocion, de se concilier l'estime et l'amitié de ses compatriotes, n'est-il pas plus nécessaire encore à un État d'inspirer les mêmes sentiments à ses voisins? Le citoyen peut, à la rigueur, se passer d'amis et ne pas craindre des ennemis, puisqu'il est sous la protection des lois, et que le magistrat est toujours à portée d'aller à son secours. En est-il de même d'une république? Tout ce que les passions produisent chaque jour d'absurdités, d'injustices et de violences entre les différents peuples ne prouve-t-il pas combien le droit des nations est une sauvegarde peu sûre pour chaque société en particulier? L'histoire n'est pleine que de révolutions aussi subites que bizarres. Le peuple le plus sage et le mieux gouverné a encore des moments de langueur, de faiblesse, de distraction et d'erreur; la ville la plus méprisable, et qu'on redoute le moins, peut produire par hasard un Epaminondas, prendre un nouveau génie et se rendre redoutable. La politique, en un mot, ne peut jamais prévoir tous les caprices de la fortune ni tous les dangers dont elle est menacée. Quelque puissant que soit un État, cette idée des écueils dont il est entouré ne doit-elle pas l'effrayer et lui apprendre qu'il ne peut jouir d'une prospérité constante ni même se soutenir longtemps s'il ne travaille, par sa justice, sa modération et sa bienfaisance, à se faire des alliés fidèles et zélés?

« Vous voudriez, Aristias, acquérir à votre ami l'amitié du monde entier. S'il lui manque quelque vertu, vous voudriez pouvoir la lui donner. Comment croiriez-vous donc qu'un citoyen aime sa patrie quand il flatte et caresse ses vices et ne cherche qu'à la rendre incommode, suspecte et odieuse à ses voisins? Si votre ami vous consultait sur les moyens de mériter de la considération dans Athènes et de gagner les suffrages du peuple dans les élections, lui conseilleriez-vous de paraître un homme sans foi, d'oublier ses engagements, d'user en toute occasion de son droit avec rigueur, d'être insolent et dédaigneux, et de tendre des piéges à toutes les personnes avec lesquelles il traite? Pourquoi donc nos sublimes politiques conseillent-ils à la république d'avoir à l'égard des étrangers la même conduite que vous blâmeriez dans votre ami? Se fait-on des amis par des injustices et des injures? Les républiques n'ont-elles pas la même manière de voir, de sentir et de juger que les citoyens?

— Sans doute, Phocion, lui dit Aristias, ce serait un blasphème de penser que les dieux aient mis la raison humaine en contradiction avec elle-même, qu'elle pût conseiller, sous le nom de politique, ce qu'elle défendrait sous celui de la morale. Sans doute que le faux amour de la patrie a perdu bien des États en ne consultant pas l'amour de l'humanité. Cependant, continua-t-il, en laissant voir la crainte qu'il avait de se tromper, serait-ce trahir ma patrie si, entourée de voisins ambitieux, inquiets et sans foi, je lui conseillais de se servir pour sa défense des mêmes armes dont elle est attaquée? La modération, la justice et la bienfaisance seront les dupes de l'ambition et de la fraude. D'ailleurs, si je suis né dans une république qui

ne possède qu'un médiocre territoire et qui
ne peut armer que peu de bras pour sa défense, ne serais-je pas imprudent de vouloir
la retenir dans sa première médiocrité tandis
que ses voisins ne travaillent qu'à augmenter
leurs possessions et leur fortune? Je dois
redouter ces forces accumulées, et il me semble que ce n'est qu'en s'agrandissant elle-
même que ma patrie peut prévenir les dangers que je prévois.

— Non, mon cher Aristias, lui répliqua vivement Phocion, si mon ennemi m'attaque
avec de mauvaises armes, je me garderai
bien de quitter les miennes. Quand, après
la guerre médique, nos orateurs crurent
que c'était trahir l'honneur et la fortune
d'Athènes que d'abandonner encore à Lacédémone le commandement des armées, et
qu'il fallait contraindre nos alliés à être nos
esclaves puisque la mer était couverte de nos
vaisseaux, supposons que les Spartiates, au
lieu de se servir, à notre exemple, de la ruse
et de la force, n'eussent employé, pour conserver l'empire de la Grèce, que les mêmes
vertus par lesquelles ils l'avaient autrefois
acquis, croirez-vous, mon cher Aristias, que
cette politique leur eût été moins avantageuse
que la nôtre, qu'ils adoptèrent? Si l'on n'avait
pas alors commencé à s'apercevoir de la mauvaise foi de Sparte et à redouter son ambition,
elle nous aurait aisément réduits en nous
débauchant des alliés que nous irritions contre nous par la dureté de notre conduite.
C'est parce que cette république avait abandonné ses armes pour se défendre avec les
nôtres que les Grecs, incertains et sans règle,
tantôt se jetèrent dans ses intérêts et tantôt
embrassèrent notre défense. De là des disgrâces égales et des succès infructueux pendant près de trente ans. Ce n'était point une

fortune aveugle et capricieuse dont il fallait se plaindre, c'est à nos vices seuls que nous devions nous en prendre. Lacédémone triompha enfin, mais ce ne fut point par l'ascendant de son gouvernement sur le nôtre; nous l'aurions de même accablée, malgré notre affaiblissement, si les hasards qui se déclarèrent pour elle s'étaient déclarés pour nous. Après nous avoir humiliés, elle éprouva un sort pareil au nôtre. Quelle en fut la cause? Cette même politique, injuste et frauduleuse, avec laquelle elle avait eu tant de peine à nous asservir. En reprenant leur ancienne vertu, les Spartiates auraient étouffé promptement l'esprit de discorde et d'ambition que nos querelles avaient fait naître et recouvré sans peine leur premier empire. En opposant la fraude à la fraude, l'injustice à l'injustice, la force à la force, ils multiplièrent leurs ennemis et n'eurent plus de règle ni de principe pour se conduire. Si l'ambition et l'injustice pouvaient se cacher sous le voile de la vertu et me dérober leurs manœuvres, je les craindrais, mais les dieux ne le permettent pas: elles se trahissent toujours elles-mêmes, et, dès que je les aperçois, leur art devient inutile. Si mon ennemi est faible, qu'ai-je à craindre? S'il est puissant, en renonçant à ma modération, dois-je être assez malhabile pour lui fournir un prétexte de m'asservir? Qu'ai-je à craindre de cette politique artificieuse qui ne veut que tromper, si je sais attendre patiemment qu'elle ait épuisé ses ruses et ses fraudes et la réduire à me donner des signes certains de sa bonne foi avant que de traiter avec elle? Si votre voisin acquiert une ville ou une province, acquérez une nouvelle vertu, et vous serez plus puissant que lui. Que nous importerait que Philippe n'eût vaincu ni l'Illyrie ni la Péonie si nous n'étions pas corrompus? Serait-il moins redoutable pour nous s'il n'avait pas reculé les frontières de la Macédoine?

« Pourquoi, mon cher Aristias, nous effrayer de l'agrandissement d'un de nos voisins? S'il asservit un peu !. assez lâche pour ne pas défendre avec vigueur son indépendance, quel sera le fruit de cette brillante conquête? Des poltrons seront-ils plus braves pour servir leur nouveau maître qu'ils ne l'ont été pour conserver leur liberté? Il subjuguera, direz-vous, une nation courageuse. Mais, plus il aura de peine à la vaincre, plus il se défiera de son obéissance et de sa fidélité. Pour ne pas craindre ces vaincus indociles il faudra les humilier, les rendre timides, et se priver, en un mot, des forces qu'on avait espéré de joindre à celles qu'on possédait déjà. Cyrus, dit-on, lassé des révoltes fréquentes des Lydiens, leur ordonna de porter des manteaux et de chausser des brodequins; il leur donna des fêtes et les amollit par l'usage des voluptés. La sublime politique! Eh! grands dieux! que Cyrus ne laissait-il les Lydiens en repos! Pourquoi acheter à grands frais, par la guerre, des sujets toujours inutiles et souvent dangereux, tandis que sans peine, sans inquiétude, sans verser des torrents de sang, la bonne foi, la justice et la bienfaisance vous acquerront des alliés et des amis toujours prêts à se sacrifier à vos intérêts? Que la politique bienfaisante de Lycurgue nous serve de modèle. Si nous aimons notre patrie, cherchons à lui faire des alliés et non pas des sujets.

« Je crois, mon cher Aristias, vous l'avoir dit il y a quelques jours, l'ordre que l'Auteur de la nature a établi dans les choses humaines ne permettra jamais que la fraude, l'injustice et la violence, qui ne sont entourées que d'ennemis ou d'esclaves, servent de fondement solide à la puissance d'un État. Rappelez-vous ce que nous avons dit. Citez-moi un peuple qui ne se soit pas affaibli et enfin ruiné par ses conquêtes? Quelle est la nation que les dépouilles et l'abaissement des vaincus n'aient pas corrompue? Babyloniens, Assyriens, Mèdes, Perses, successivement vaincus les uns par les autres, qu'est-il résulté de tant d'ambition, de tant de guerres, de tant de travaux, de tant de victoires? Une monarchie maîtresse de l'Asie et qui n'a pu, avec des millions de soldats, asservir ni Athènes ni Lacédémone, deux petites villes qui n'avaient que de la vertu. Les grandes puissances, qui en nous effrayant excitent notre jalousie, sont destinées à succomber sous leur propre poids. C'est que la vigilance et les lumières des hommes sont trop bornées, leurs passions trop fortes et leurs vertus trop fragiles pour qu'une grande province puisse être sagement gouvernée (1). Plus

(1) « Nous ne voyons, dit Aristote (*Politique*, liv. VII, ch. IV), aucune ville bien policée qui renferme un très-grand nombre de citoyens, et notre raison nous fait voir aisément les causes de ce que l'expérience met tous les jours sous nos yeux. La bonne police n'est que l'ordre, et comment une grande multitude en serait-elle susceptible, puisque, dans ce nombre, il y a toujours beaucoup de citoyens tentés de désobéir à la loi, et que leur grand nombre facilite l'impunité? Il n'y a qu'un Dieu seul, dont la toute-puissance gouverne l'univers, qui puisse maintenir le bon ordre dans une grande cité. »

« *Quanta autem multitudo sufficiens sit, non aliter recte dicitur quam agrorum vicinarumque civitatum collatione. Ager quidem tantus sit, ut tot moderatis hominibus sufficiat, neque majori opus. Tot vero esse debent (cives) ut injuriantes vicinos possint depellere, et iisdem injuriam pa-*

la machine du gouvernement est étendue moins les mouvements en seront prompts, rapides, exacts et réguliers. Il est d'autant plus difficile de réprimer dans un grand empire les passions qui portent à la révolte ou qui avilissent l'âme que les magistrats y sont exposés, de leur côté, à des tentations trop fortes ou trop fréquentes pour la faiblesse humaine. Il me semble que dans nos villes de la Grèce je pourrais ne manquer à aucun des devoirs de la magistrature, mais je comprends que, si je gouvernais une sa-

tientibus auxiliari. Quinquies mille et quadraginta sint ob commoditatem numeri hujus agricolæ, quique pro finibus depugnent. » (Platon, de *Leg.*, liv. V.)

La doctrine des anciens sur cette matière est uniforme. Ils faisaient peu de cas de ce que nous appelons les grandes puissances. Aujourd'hui, de grandes provinces ont moins de force que n'en avaient autrefois plusieurs républiques de la Grèce. Il n'était pas rare de trouver dans un territoire d'une médiocre étendue trente ou quarante mille citoyens, et les maîtres de ce territoire, grâce à la forme de leur gouvernement et de leur police, avaient pour se défendre une armée de trente ou quarante mille hommes.

Combien de royaumes considérables ne sont pas en état d'avoir aujourd'hui de pareilles armées! La police des anciens Grecs, qui ne bornait point l'emploi des citoyens à une seule fonction, leur frugalité, la simplicité de leurs mœurs et leurs fortunes domestiques, moins disproportionnées entre elles que les nôtres, multipliaient les forces, l'industrie et le courage sans multiplier les bras. En est-il de même chez les peuples modernes? Non, sans doute, et c'est ce qui les rend si faibles. Si je voulais suivre cette idée et faire valoir par quelles raisons un État qui a aujourd'hui dix millions de sujets ne peut avoir qu'une armée de cinquante mille hommes, et pourquoi cette armée doit être une armée de mercenaires, il me faudrait faire un livre fort étendu.

trapie de Perse, il faudrait me contenter de désirer le bien sans pouvoir le faire. Tous les ressorts du gouvernement doivent se détendre dans un grand État, toutes les lois y sont nécessairement méprisées ou négligées. Tandis que tout peut être nerf, force et action dans une petite république, un grand empire paraît frappé de paralysie, et voilà pourquoi une poignée de Perses a conquis l'Asie sur les Mèdes, voilà la cause des disgrâces de Xerxès, voilà pourquoi nos pères ont fait trembler ses successeurs jusque dans leur capitale. »

« Mon cher Aristias, poursuivit Phocion, j'ai tâché de ramener à des principes fixes et certains cette science qu'on nomme politique et dont les sophistes nous avaient donné une idée bien fausse. Ils la regardent comme l'esclave ou l'instrument de nos passions, de là l'incertitude et l'instabilité de ses maximes, de là ses erreurs et les révolutions qui en sont le fruit. Pour moi, je fais de la politique le ministre de notre raison et j'en vois résulter le bonheur des sociétés. Je n'aurais rien à ajouter aux principes généraux que je vous ai développés si tous les hommes étaient capables de connaître et d'aimer la vérité. Mais c'est une espérance à laquelle il serait insensé de se livrer. Quelque part qu'on jette les yeux, on ne voit et on ne verra éternellement qu'erreurs et que vices. Ce n'est pas le bonheur auquel la nature nous destine que les hommes veulent connaître, ils voudraient qu'on leur apprît à être heureux selon leurs goûts et leurs préjugés.

« Puisque la raison, depuis la naissance du monde, réclame inutilement ses droits contre les passions, attendons-nous, Aristias, qu'elle ne sera pas plus heureuse dans la suite, et que la jalousie, la haine et l'ambition, qui ont déjà perdu tant de peuples, de républiques et d'empires, exerceront encore leur aveugle fureur sur les nations. Au milieu de cet esprit de brigandage dont la terre est infectée, et que rien ne peut extirper, au milieu des dangers dont tous les peuples sont menacés, il ne suffit donc point à une république de n'avoir rien à craindre de ses propres passions, il faut qu'elle se défie de celles des étrangers et soit en état de les contenir et de les réprimer. La justice, la bonne foi, la modération et la bienfaisance qu'inspire l'amour de l'humanité sont propres, ainsi que vous l'avez vu, à concilier l'estime et l'affection des étrangers, et par conséquent à servir de rempart contre leurs passions.

« Mais ce rempart, Aristias, n'est pas impénétrable à la méchanceté des hommes. Attendez-vous à voir les passions s'égarer dans leur ivresse jusqu'à mépriser et haïr les vertus. Réprimez-les alors par la crainte, c'est-à-dire que la politique vous fait une loi de ne cultiver la paix qu'en étant toujours prêt à faire heureusement la guerre. Je sais qu'un peuple tempérant, qui aime le travail et la gloire et craint les dieux, aura nécessairement du courage dans les combats, de la patience dans les fatigues et de la fermeté dans les revers. Dans chaque occasion, il prendra sans effort la vertu qui lui sera la plus utile. Sans doute que toutes ses forces se réuniront dans le danger et qu'une même volonté fera agir de concert tous les bras.

« Mais faites attention, Aristias, que les qualités d'emprunt, si je puis parler ainsi, avec lesquelles on n'est pas familiarisé par un usage journalier n'ont presque aucun pouvoir. Si la paix même n'offre pas dans une république l'image de la guerre, si les esprits ne sont pas accoutumés avec l'idée des périls, si les citoyens ne sont préparés par leur éducation à être soldats, craignez que la vue du danger et leur inexpérience ne les consternent. La crainte est une passion des plus naturelles au cœur humain et des plus dangereuses. Empêchez que l'âme n'y soit ouverte ; quand la crainte engourdit les sens et trouble la raison il n'est plus temps d'y remédier. Que notre république soit donc militaire ; que tout citoyen soit destiné à défendre sa patrie ; que chaque jour il soit exercé à manier ses armes ; que dans la ville il contracte l'habitude de la discipline nécessaire dans un camp : non-seulement vous formerez par cette politique des soldats invincibles, mais vous donnerez encore une nouvelle force aux lois et aux vertus civiles (1). Vous empêcherez que les douceurs et les occupations de la paix n'amollissent et ne corrompent insensiblement les mœurs, car si les vertus civiles, la tempérance, l'amour du travail et de la gloire préparent aux vertus

(1) « *Omnes quoque choreæ ita ut bene geratur bellum, celebrandæ sunt, atque omnis dexteritas, facilitas, promptitudo ejusdem rei causa comparanda. Ob eamdem causam consuescere debemus à cibo et potu obstinere, frigus æstivumque et cubilis duritiam pati, et imprimis capitis pedumque virtutem alienis tegmentis non corrumpere.* » (Platon, *de Leg.*, liv. XII.) On voit combien les exercices que Platon prescrit aux citoyens, et les habitudes qu'il veut leur faire contracter, sont propres à faire aimer la tempérance et le travail. Qui veut former d'excellents soldats fait nécessairement d'excellents citoyens. Lycurgue avait prescrit aux Spartiates tout ce qu'on trouve dans le passage de Platon qu'on vient de lire, et les Spartiates obéissaient fidèlement à ces institutions. « Le temps de guerre était pour eux, dit Plutarque, un temps de délassement. » Qu'on voie

militaires, celles-ci leur servent à leur tour d'appui. Depuis que notre gouvernement, pour favoriser la paresse et la lâcheté, a permis de séparer les fonctions civiles des militaires, nous n'avons ni citoyens ni soldats. Des hommes qui croyaient n'avoir plus besoin de courage ne tardèrent pas à ne s'occuper que de plaisirs ou d'intrigues. Leur caractère ne conserva ni force ni faiblesse, et leur voix est cependant comptée dans le sénat et la place publique. De là sont nés tous ces décrets, qui nous couvriront d'un opprobre éternel, et une certaine mollesse dans l'esprit national qui ne permet aucun retour vers le bien. Nos armées ne furent composées que de la lie de la république. Nos soldats comparèrent leur sort avec celui des citoyens riches, oisifs et voluptueux qui vivaient dans leurs maisons. Ils portèrent les armes avec dégoût, la guerre leur parut le dernier des métiers, et ils ne la font depuis que dans l'espérance de piller et de jouir un jour du fruit de leurs rapines. Comment se-

tout ce que les Grecs et les Romains, dans leur beau temps, faisaient pour se préparer des armées invincibles. Ces peuples ne se contentaient pas que leurs soldats fussent meilleurs que ceux de leurs voisins ou de leurs ennemis, ils voulaient les rendre aussi bons qu'ils doivent et qu'ils peuvent l'être. Je crois qu'il ne serait pas impossible de prouver que tout État où chaque citoyen n'est pas destiné à défendre sa patrie comme soldat ne peut jamais avoir une excellente discipline militaire. M. le maréchal de Saxe le pensait ; voyez ses *Rêveries*, ouvrage d'un grand capitaine qui avait médité sur la guerre en philosophe. S'il y a dans un État des hommes bornés aux seules fonctions civiles, ils amolliront nécessairement les mœurs publiques, et la mollesse des mœurs relâchera certainement les ressorts du gouvernement militaire.

rait-il possible de former une pareille milice
à cette discipline austère et régulière, sans
laquelle le courage même serait inutile ?
Comment parviendrez-vous à donner à ces
soldats avares et mercenaires les sentiments
de générosité que doivent avoir les défenseurs de la patrie ? Que nos riches citoyens
sont insensés de confier à d'autres qu'à eux-
mêmes la garde de la république et de ne
pas prévoir qu'ils s'exposent à perdre cette
liberté, ces richesses, cette oisiveté, ces plaisirs dont ils sont si jaloux ! Chaque jour notre
avilissement augmente avec notre corruption. Ou nous serons enfin vaincus par nos
ennemis ou nous nous détruirons de nos
propres mains. Il ne faut pas se flatter qu'il
règne pendant longtemps un certain accord
entre les riches, qui ne contribuent qu'avec
chagrin aux frais de la guerre, et les pauvres qui la font en murmurant aux dépens
de leur sang. Ils se méprisent déjà secrète-
ment, et dès que la mésintelligence aura
éclaté entre eux, leur haine sera irréconci-
liable. Si ceux-ci triomphent, ils opprimeront
leur patrie et lui donneront un tyran pour
se faire un protecteur qui les enrichisse et
les venge. Si les autres, par un hasard difficile à prévoir, acquièrent l'empire sans se
diviser, ils régneront en tremblant, et, pour se
délivrer d'une crainte opportune, ne voudront
avoir qu'une milice mercenaire, toujours redoutable à des citoyens oisifs, et cependant
incapable de servir de rempart à la république contre des ennemis courageux et disciplinés (1). On nous parle souvent de Car-

(1) Quoique Athènes n'ait éprouvé ni l'un ni l'autre inconvénient que Phocion redoutait, sa crainte n'en était pas
moins bien fondée. Les Athéniens n'y échappèrent que

thage, dont les citoyens ne sont occupés que de leur commerce et de leurs richesses, tandis que des soldats, achetés à prix d'argent, lui ont acquis et lui conservent l'empire de l'Afrique. Mais cet exemple ne me rassure pas.

« Si cette république, mon cher Aristias, m'étalait ses richesses, son pouvoir, ses armées, ses vaisseaux, comme Crésus fit voir autrefois à Solon les richesses de son trésor pour lui prouver qu'il était l'homme de l'univers le plus heureux, je répondrais aux Carthaginois : « J'ai vu une petite république qui « ne couvre point la mer de ses vaisseaux, « qui aime sa pauvreté, qui n'a point de su- « jets, dont tous les citoyens sont soldats, et « je crois son bonheur mieux affermi que le « vôtre. » S'ils s'indignaient de ma liberté : « Pourquoi, leur dirais-je, voulez-vous que j'es- « time une prospérité que mille accidents « doivent déranger et qui ne tient qu'à des « circonstances qui ne peuvent subsister? » Solon voulait attendre que Crésus fût mort pour juger de son bonheur. Sans me laisser éblouir par la puissance des Carthaginois, j'attendrai de même, pour juger de leur prospérité, de voir comment ils résisteront aux entreprises de leurs propres armées si elles

parce qu'ils tombèrent peu de temps après sous la puissance de Philippe, à qui ils avaient imprudemment déclaré la guerre. Il est certain que ce sont des différends pareils à ceux dont parle Phocion entre les citoyens riches et les citoyens pauvres qui ont toujours contribué à ruiner la liberté dans les républiques ou qui les ont assujetties à leurs ennemis. Tout État où le citoyen ne veut pas prendre la peine d'être soldat doit enfin être gouverné par des soldats ou par ceux qui ont l'art de se rendre les maîtres des armées.

ont assez de courage pour se mutiner et se révolter (1). J'attendrai qu'ils aient affaire à un ennemi brave, pauvre et exercé à la guerre.

« Si, comme Crésus, ils trouvent un Cyrus, s'ils deviennent les esclaves d'un de leurs généraux, convenez, Aristias, que les politiques qui admirent aujourd'hui la sagesse et la prospérité des Carthaginois seront obligés de changer de langage. Si cette république a acquis de grandes provinces, apparemment que les vaincus étaient encore moins braves et moins disciplinés que ses mercenaires. Si elle domine sur ses voisins, sans doute qu'elle a commencé par leur communiquer ses vices. Entre des peuples également vicieux, je ne suis pas étonné que celui qui peut acheter des soldats ait la supériorité.

« Mais n'en concluez pas, Aristias, qu'il se gouverne sagement, il est perdu si un de ses voisins se corrige de quelqu'un de ses défauts. Misérable république qui ne réussit et ne se soutient que par l'imbécillité et la corruption de ses voisins et de ses ennemis ! Ce défaut de Carthage a été le défaut de presque

---

(1) On sait, en effet, que les armées de Carthage se révoltèrent plusieurs fois. Des mercenaires sont avares, et on les satisfaisait avec de l'argent; s'ils eussent eu un chef ambitieux, ils auraient détruit la république. Ce que Phocion ajoute sur la ruine des Carthaginois est une vraie prédiction, et on pourrait, à son exemple, tirer l'horoscope des États commerçants. Aujourd'hui toutes les puissances de l'Europe sont devenues commerçantes, et c'est parce que ce vice de leur politique est général qu'aucune d'elles n'en sent les inconvénients relativement à ses ennemis; elles combattent à armes égales, mais s'il se formait une république romaine, quel serait le sort des États commerçants ?

tous les Etats. Au lieu de ne consulter que les
besoins essentiels de la société, et de ne chercher que ce qui doit la rendre heureuse dans
toutes les circonstances et dans tous les
temps, l'imprudente politique se laisse séduire par des succès passagers. Elle ne s'est
presque jamais fait que de fausses règles, et
de là ces révolutions dont tant de peuples ont
été et seront encore les victimes.

« Oui, Aristias, je prédis d'avance la chute
des Carthaginois; je la vois, car il y aura
éternellement sur la terre quelque peuple
toujours prêt à faire la guerre aux nations
qui sont riches, et jusqu'à présent les richesses qui corrompent les mœurs ont toujours
été le butin du courage et de la discipline.

— Que nous sommes loin, s'écria Aristias,
des vrais principes de la politique! L'histoire
de la Grèce, et ce qu'on nous raconte des révolutions arrivées dans les Etats qui partageaient autrefois l'Asie ne prouvent que trop,
Phocion, la vérité de votre doctrine et le
malheur de notre situation présente. Accoutumé à entendre dire perpétuellement à nos
politiques que l'argent est le nerf de la guerre,
j'ai, je l'avoue, quelque peine à comprendre
qu'elle puisse se faire sans occasionner de
grandes dépenses (1). De grâce, ajouta-t-il,
dissipez tous mes doutes, apprenez-moi pourquoi je me trompe quand il me semble que
c'est notre pauvreté qui nous met dans l'im-
puissance d'avoir une flotte et de soudoyer
une armée.

(1) C'est ce qu'on ne cessait de répéter à Athènes depuis
la régence de Périclès. Thucydide (liv. I, ch. IX) lui fait
dire dans une harangue : « L'argent entretient mieux la
guerre que les hommes, qui ne sont capables que de quelques légers efforts. » Quand cette maxime de Périclès se-

— Mon cher Aristias, lui répondit Phocion, ces belles maximes, inventées par l'avarice, et que nos Athéniens répètent aujourd'hui par habitude, vous ne les auriez pas entendues quand nos pères vainquirent les Perses à Marathon et à Salamine. Regardant alors la tempérance, l'amour de la gloire et du travail, le courage et la discipline comme le nerf de la guerre et de la paix, ils méprisaient l'argent et il leur fut inutile. Ils étaient pauvres, et ils eurent une flotte nombreuse pour combattre Xerxès : ils la construisirent de la charpente de leurs maisons; ils ne payaient point leurs soldats citoyens, et ils eurent une nombreuse armée de héros.

« Non, Aristias, ce n'est point notre pauvreté qui nous empêche aujourd'hui d'avoir une flotte et une armée. N'en accusez au contraire que nos richesses, qui, en s'augmentant, ont inspiré à une partie des citoyens cette avarice basse et sordide, qui n'ose jouir, et livré le reste à la volupté, qui ne sacrifia jamais son luxe et ses plaisirs aux besoins de la république. Les ressources de la vertu sont infinies : plus on les emploie, plus elles se multiplient. Quelque immenses que soient les richesses, elles s'épuisent. L'amour de la gloire produit des prodiges parce qu'il remue de grandes âmes; l'amour de l'argent ne produit rien que de bas parce qu'il ne frappe que des âmes basses. Si l'argent est aussi puissant que le disent les Athéniens, que n'ache-

rait vraie, c'est une preuve certaine que la république n'a jamais connu, ou bien qu'elle a abandonné les bons principes de politique et que les mœurs sont corrompues. Une pareille république ne doit faire la guerre que contre des ennemis aussi vicieux qu'elle si elle ne veut pas courir à sa ruine.

tons-nous un Miltiade, un Aristide, un Thémistocle, des magistrats, des citoyens et des héros? Quand Athènes, sous la régence de Périclès, se fut enrichie des dépouilles, des vanités et des tributs levés sur nos alliés, il y eut un instant où la république parut avoir acquis un nouveau degré de puissance et de force. Nos nouvelles richesses n'ayant pas encore eu le temps de détruire nos anciennes mœurs, nous les employâmes généreusement à construire des vaisseaux et acheter l'amitié de quelques peuples qui commençaient à la vendre, et nous parûmes les arbitres de la Grèce. Nos magistrats, trompés par cette apparence de prospérité, crurent sans doute que les mêmes vertus qui honoraient notre pauvreté, et que notre pauvreté seule soutenait, seraient encore les économes et les dispensatrices de nos richesses. Ils pensèrent donc que la république ne pourrait jamais être trop riche; erreur grossière! L'or et l'argent, en nous rendant avares, éteignirent bientôt le sentiment de l'honneur et de la générosité et nous livrèrent à tous les vices en nous faisant aimer le luxe. L'argent devint alors le nerf de la guerre et de la paix parce que les Athéniens vendirent à la patrie les services qu'elle recevait autrefois sans salaire. A quoi nous servirent alors nos richesses dangereuses? Plus nous en acquérions, plus nos mœurs se dépravaient. Nous avions beau nous enrichir, notre cupidité était toujours plus grande que notre fortune. Plus appauvris par nos besoins qu'enrichis par nos rapines et nos injustices, la république fut pauvre et éprouva tous les inconvénients de la pauvreté parce que ses citoyens avaient tous les vices de la richesse. Faites rougir de leur absurdité ces politiques insensés qui, pour rendre quelque vigueur à la république expirante, voudraient y attirer tout l'or et tout l'argent du monde entier (1). Les

(1) Me permettra-t-on de placer ici quelques réflexions sur le commerce que les nations modernes regardent comme le nerf de l'État. Si je me trompe, je souhaite que quelque écrivain éclairé sur cette matière à la mode daigne me faire connaître mes erreurs.

Phocion vient de dire, en parlant de l'empire que les Carthaginois avaient acquis : « Entre des peuples également vicieux, je ne suis pas étonné que celui qui peut acheter des soldats ait la supériorité. » Je dirai de même : « Je ne suis pas étonné qu'entre les peuples de l'Europe, qui ont tous également abandonné les bons principes de la politique, le commerce qui produit de l'argent mette en état d'avoir et d'entretenir des armées plus nombreuses. » Mais je demanderai si ces soldats, qui ne peuvent être que des mercenaires ramassés dans la lie du peuple ou arrachés par force à d'autres professions, sont capables d'avoir le courage et la discipline des anciens. Il faudrait un miracle pour que ces mercenaires supportassent les travaux et affrontassent les dangers de la guerre avec la même patience et le même courage que ces citoyens de la Grèce et de Rome, qui naissaient soldats et qui combattaient pour défendre leurs foyers. Je prie de remarquer, en second lieu, qu'un État qui a des armées mercenaires doit être riche, d'où je conclus qu'il ne peut point avoir une bonne discipline militaire, parce qu'on ne peut être riche sans avoir les mœurs que donnent les richesses, et que ces mœurs sont diamétralement opposées à celles qu'exige la guerre. Je sais bien que le luxe n'amollit pas les soldats et les officiers subalternes, mais il amollit les chefs, et relâche nécessairement la vigueur de la discipline et du commandement, et les passions des autres en profitent pour se mettre, s'il se peut, à leur aise.

Si mes réflexions sont vraies, peut-on croire que les peuples qui ont pourvu à leur sûreté d'une autre manière que les Grecs et les Romains se conduisent avec prudence? On me répondra que, tous les États gouvernant aujourd'hui

aveugles ! qui entreprennent de rassasier à force d'argent des passions insatiables ! Nos

leurs milices de la même façon, il n'en résulte aucun inconvénient pour chaque puissance en particulier, et que, par conséquent, l'essentiel est d'avoir beaucoup d'argent pour avoir des armées supérieures à celles de ses ennemis, il me semble que ce n'est pas bien raisonner, car les fautes de mes voisins ne justifient pas les miennes. J'avais toujours ouï dire que la politique est la science de faire le plus grand bien de la société et non pas de copier les défauts des autres, et que, en s'occupant du moment présent, elle doit embrasser l'avenir et se mettre en état de ne le pas craindre. Il peut se former dans mon voisinage une république romaine, c'est-à-dire une puissance qui se comporte par les bons principes, et comment mes soldats, mercenaires et faiblement disciplinés, mettront-ils alors ma patrie à l'abri de toute insulte? Les Carthaginois pensaient qu'il n'arriverait aucun changement dans leur situation respective avec leurs voisins; ils se sont trompés, pourquoi ne me tromperais-je pas en pensant comme eux?

Ce sont nos passions et non pas notre raison, ainsi que le dit Phocion, qui nous ont persuadé que l'argent est le nerf d'un État. Les trésors les plus immenses s'épuisent; on en voit la fin en peu de temps quand les âmes sont mercenaires et avares, et elles le sont toujours quand l'État a pris le parti de payer en argent les services qu'on lui rend; comment est-il donc prudent de compter sur les richesses? Plus, au contraire, on dépense en vertu, si je puis parler ainsi, plus la masse des vertus augmente par l'exemple et l'émulation. La vertu est donc le seul nerf des États, il n'est donc sage que de compter sur elle. Les personnes qui ne parlent que d'étendre le commerce et d'enrichir l'État ont-elles pesé, comme Phocion, les avantages et les inconvénients attachés aux richesses? Ont-elles trouvé, après un calcul bien exact, que les avantages étaient plus considérables que les inconvénients? En ce cas, je les invite à nous faire part de leurs découvertes. Qu'elles réfutent Platon, Aristote, Cicéron, tous les politiques de l'antiquité;

pères avec dix talents étaient riches, avec deux mille nous sommes pauvres; donnez-

qu'elles aient le front de nous dire que Tyr, Carthage, etc., étaient des républiques plus sagement gouvernées que Lacédémone et Rome; que ces deux dernières villes devinrent plus heureuses et plus puissantes à mesure qu'elles devinrent plus riches, et que les Romains, par leur constitution, devaient être vaincus par les Carthaginois.

On se sert d'un argument assez bizarre pour prouver les avantages du commerce : c'est de faire une peinture détaillée de tous les maux qu'éprouve un État qui voit tomber son commerce, qui a perdu une partie considérable de ses richesses. Je conviens, en effet, que cette situation est fâcheuse. L'État, qui n'avait point d'autre ressort que l'argent pour produire le mouvement, tombe dans une inaction léthargique; il est déchiré par des passions qu'il ne peut satisfaire, et rien n'est plus ridicule ni plus pernicieux que les vices de la richesse dans la pauvreté. Mais ces malheurs, loin de prouver que les richesses et le commerce font le bonheur, la force et la sûreté d'un État, démontrent précisément le contraire; s'il est vrai, comme on le verra dans un moment, que les richesses et le commerce doivent déchoir dès qu'ils sont parvenus à un certain degré; si cet État, ouvrant les yeux sur sa situation passée et présente, parvenait à se convaincre de l'inutilité et de l'abus des richesses et du commerce; s'il réformait ses mœurs; si, par les secours de quelques nouvelles lois, il mettait à la place de ses anciennes richesses la tempérance, l'amour de la gloire, le désintéressement, je demande si sa nouvelle modération ne lui serait pas plus utile que son ancienne cupidité. En bannissant l'avarice et le luxe, il se trouverait riche dans sa pauvreté, et il serait mieux défendu par le courage de ses citoyens qu'il ne l'avait été par les richesses de son commerce.

Pour prouver ce que je viens d'avancer, je rapporterai ici la pensée d'un écrivain moderne qui a porté le génie le plus profond et le plus lumineux dans l'étude du commerce. « Lorsqu'un État, dit M. Cantillon, est parvenu à acquérir

nous-en encore deux mille, et nous nous croirons encore plus pauvres que nous ne le som-

de grandes richesses, soit qu'elles soient le fruit de ses mines, de son commerce ou des contributions qu'il exige des étrangers, il ne manque jamais de tomber promptement dans la pauvreté. » L'histoire ancienne et moderne est pleine de ces révolutions, et voici de quelle manière M. Cantillon en développe l'ordre et la marche :

« Les personnes, dit-il, que ces sommes d'or et d'argent ont enrichies directement augmentent leurs dépenses à proportion de leurs gains; elles consomment plus de denrées et de marchandises; les agriculteurs et les artisans, par conséquent plus employés, verront augmenter leur fortune et voudront en jouir. Cette augmentation de consommation augmente le prix des denrées et des marchandises, et dès lors les ouvriers ne peuvent plus se contenter de leurs anciens salaires. Tous les objets de consommation devenant par là encore plus chers, il y aura un profit considérable à tirer de l'étranger, qui travaille à meilleur marché les choses dont on a besoin. C'est alors que l'État commence à éprouver les inconvénients de la pauvreté. Le peuple sent d'autant plus vivement sa misère qu'il s'était déjà accoutumé à plus d'abondance. La terre est moins cultivée parce que l'agriculteur vend moins ses denrées, et il faut que les artisans meurent de faim ou aillent gagner leur vie chez les étrangers, tandis que le luxe des riches y fait passer continuellement des sommes considérables. L'État, appauvri, et qui ne peut plus lever les mêmes subsides, ne peut cependant se résoudre ni à diminuer ses dépenses ni à proportionner ses vues et ses entreprises à sa fortune, et l'orgueil que lui ont inspiré ses richesses accélère sa chute dans la misère. »

« Il semblerait, ajoute M. Cantillon, que, lorsqu'un État s'étend par le commerce et que l'abondance de l'argent enchérit trop le prix des denrées et des manufactures, le prince ou le magistrat devrait retirer de l'argent, le garder pour des cas imprévus, et tâcher de retarder la circulation par toutes les voies, hors celles de la contrainte et de la

mes aujourd'hui. Nous en sommes déjà venus au point de confondre le luxe et le faste des

mauvaise foi, afin de prévenir la trop grande cherté et d'empêcher les inconvénients du luxe. » Mais comment serait-il possible que des princes ou des magistrats, accoutumés à regarder les richesses comme la source du bonheur et de la force, fussent effrayés de l'abondance d'argent qui se répand dans un royaume ou dans une république? M. Cantillon le remarque : « Outre qu'il n'est pas aisé, dit-il, de s'apercevoir du temps propre à une pareille opération, ni de savoir quand l'argent est devenu plus abondant qu'il ne doit l'être pour le bien et la conservation des avantages de l'État, les princes et les chefs des républiques, qui ne s'embarrassent guère de ces sortes de connaissances, ne s'attachent qu'à se servir de la facilité qu'ils trouvent, par l'abondance des revenus de l'État, d'étendre leur puissance, et à insulter d'autres États sur les prétextes les plus frivoles. » Pourquoi demander des miracles? Pourquoi voudrait-on que, dans un pays où de trop grandes richesses rendent le citoyen avare, prodigue, voluptueux, paresseux, etc., les chefs de la nation restassent incorruptibles? Bien loin d'arrêter les progrès du luxe, ils en donneront eux-mêmes l'exemple, ils regarderont l'économie comme un vice politique, ils se feront de faux principes sur la circulation de l'argent, et croiront, de bonne foi, que les extravagantes dépenses des riches sont nécessaires à la subsistance des pauvres.

Si par hasard le gouvernement retirait l'argent, en retardait la circulation par quelque voie sage et honnête, en formait un trésor, n'est-il pas évident, suivant la pensée de Phocion, que ce serait recéler et nourrir un serpent dans son sein? Peut-on connaître le cœur humain et se persuader que ce trésor ne sera pas un écueil contre lequel échoueront les successeurs du prince ou du magistrat qui l'aura formé? Est-il vraisemblable qu'ils résistent aux charmes de la prodigalité? Résisteront-ils à l'avidité des flatteurs qui les entourent? Les passions emprunteront le langage de la raison. Elles représenteront sous les traits d'une

riches avec la prospérité de la république.
Leur fortune domestique, qu'il faut ménager,

avarice basse et ridicule cette prudence éclairée qui aurait
arraché à la circulation une abondance d'argent qui allait
la ruiner. « A quoi sert, diront-elles, un argent mort et
enterré qui ne circule pas? Autant vaut-il le laisser dans
les mines du Pérou que de le condamner à ne pas sortir
de vos coffres. Il n'est point de cas imprévus pour une nation
riche : les richesses produisent les richesses, laissez passer
dans les mains de votre peuple un argent qu'il vous rendra
avec usure quand vous en aurez besoin. » Les portes du
trésor seront infailliblement ouvertes, et ce torrent d'argent débordé produira des maux d'autant plus funestes
que les fortunes et le luxe augmenteront plus subitement.
Les besoins multipliés à l'excès hâteront la révolution que
doit toujours produire la trop grande abondance d'argent,
et après avoir eu tous les vices du luxe on aura tous ceux
d'une pauvreté qui paraîtra intolérable. « Pour réparer,
dit M. Cantillon, les malheurs causés par l'abondance de
l'argent et relever l'État, il faut s'attacher à y faire rentrer
annuellement et constamment une balance réelle de commerce, faire fleurir par la navigation les ouvrages et les
manufactures, qu'on est toujours en état d'envoyer chez les
étrangers à un meilleur marché lorsqu'on est tombé en
décadence et dans une rareté d'espèces. Les négociants
commencent à faire les premières fortunes, et elles se ré-
pandront insensiblement sur les autres citoyens. Mais lorsque l'argent deviendra une seconde fois trop abondant dans
l'État, la grande consommation et le luxe s'y mettront, et
il tombera une seconde fois en décadence. Voilà à peu près
le cercle que pourra faire un État considérable qui a du
fonds et des habitants industrieux, et un habile ministre est toujours en état de lui faire recommencer ce cercle. »

Je prie le lecteur de méditer profondément ce passage de
M. Cantillon. N'en faut-il pas conclure que ce n'est qu'une
politique fausse et erronée qui regardera comme le principe du bonheur de l'État un moyen qui ne procure des

leurs plaisirs, qu'il ne faut pas troubler, voilà les objets ridicules que la politique, désormais impuissante, est obligée de regarder comme les vrais besoins de l'État. Augmentez la corruption avec nos richesses, et nos maux deviendront encore plus accablants.

« La nature, mon cher Aristias, n'a point fait les hommes pour posséder des trésors. Pourquoi des riches, pourquoi des pauvres? Ne naissons-nous pas tous avec les mêmes besoins? Elle répand ses bienfaits avec une libérale économie; usons-en avec la même sagesse. La loi qui permet qu'il se forme de grandes fortunes dans une république condamne une foule de misérables à languir dans l'indigence, et la cité n'est plus qu'un repaire de tyrans et d'esclaves jaloux et ennemis les uns des autres. Essayer d'y faire germer

richesses que pour amener à leur suite la pauvreté? La vraie politique veut une félicité plus durable. Il est donc vrai qu'un État qui regarde les richesses comme le nerf de la guerre et de la paix est destiné à passer par d'éternelles révolutions, du luxe à la pauvreté et de la pauvreté au luxe.

Voilà, selon M. Cantillon, ce qu'il se peut proposer de plus avantageux, voilà le chef-d'œuvre de la politique la plus habile. Si M. Cantillon, au lieu de ne considérer que les effets des richesses et du commerce, eût observé, et personne n'en était plus capable que lui, le corps entier de la société, il est vraisemblable qu'il aurait pensé comme Phocion. Loin de vouloir qu'une république, dont de trop grandes richesses ont ruiné les finances, « s'attache à faire rentrer annuellement une balance réelle de commerce », il lui conseillerait de profiter de cette décadence pour réprimer le luxe et l'avarice, donner des mœurs, faire estimer la pauvreté, ou du moins apprendre à se passer des richesses superflues. Cette politique ne serait-elle pas supérieure à celle de ce ministre qui ne songerait qu'à

les vertus qui font le bonheur et la force de
la société, c'est le comble de la folie. Voilà
cependant ce que tentent nos politiques avides d'or et d'argent : ils jettent des semences
d'avarice, de volupté, de mollesse, d'injustice, de fraude, de haine, etc., et ils s'atten-
dent à en voir naître la justice, la tempérance, le courage, la générosité et la
concorde.

« On vous a dit, Aristias, et on le répète
sans cesse dans Athènes, que l'argent est nécessaire pour faire une longue guerre ou la
porter loin de son territoire, et voilà encore
ce qui prouve combien les richesses sont dangereuses. Pourquoi désirer aux hommes
qu'ils puissent étendre et perpétuer le fléau
le plus redoutable de l'humanité? Tant que la
Grèce a été pauvre, les guerres de nos répu-

faire recommencer ce cercle de richesses et de pauvreté
dont parle M. Cantillon?

Il n'est pas facile à un ministre de faire recommencer ce
cercle dans un État dont la fortune est en décadence. Il
faudrait que le gouvernement vînt au secours des citoyens
et diminuât les droits pour favoriser le commerce, mais
le gouvernement ne le fera point. L'abondance passée l'a
accoutumé à beaucoup de besoins, et ces besoins écrase-
ront la république. Je veux que, par impossible, elle ait
des magistrats toujours assez attentifs, assez habiles et
assez bien intentionnés pour faire recommencer ce cercle
dont parle M. Cantillon. Qu'en résultera-t-il? L'État sera
dans un danger extrême si, dans le moment de pauvreté
qui suivra des richesses trop abondantes, un de ses ennemis forme le projet de l'envahir. La politique de ce ministre habile qui fait recommencer le cercle ne sert donc qu'à
préparer une infortune à la république et la mettre dans
le cas d'être envahie et subjuguée par un de ses ennemis.
Est-ce ainsi qu'on doit faire fleurir un État et affermir sa
prospérité?

bliques ont été courtes. Nous nous sommes enrichis, et nos guerres ont été assez longues pour allumer des haines éternelles et rompre tous les liens de cette alliance qui faisait notre sûreté au dedans et au dehors. Si Lycurgue avait raison de dire aux Spartiates : « Voulez-vous être toujours libres et respec- « tés, soyez toujours pauvres et ne tentez « jamais de faire des conquêtes, » je vous demanderais de quelle utilité peuvent être ces entreprises qu'on fait loin de son territoire.

« On a des alliés, me direz-vous, que l'injustice opprime, et il faut voler à leur secours. Sans doute, il faut remplir ses engagements ; mais que vos mœurs et vos besoins soient simples, et partout la terre vous fournira une subsistance abondante. Quels trésors avaient les Scythes quand ils partirent de leurs forêts pour faire la conquête de l'Assyrie ? Un arc, des flèches, des javelots, un grand courage, voilà tout ce qu'ils possédaient. Qu'on estime votre courage et votre discipline, et les alliés dont vous prenez la défense ne vous laisseront manquer de rien.

— Mais du moins, dit Aristias, tandis que les citoyens tempérants et laborieux aimeraient la gloire et la pauvreté, la république ne pourrait-elle pas avoir un trésor, qu'elle n'ouvrirait que dans une extrême nécessité ?

— Non, mon cher Aristias, repartit Phocion, et, si vous êtes prudent, vous n'exposerez point la vertu de vos citoyens à cette tentation. Pourquoi garder parmi vous cette boîte de Pandore ? Il ne s'agit pas de se faire illusion et d'associer dans la théorie des choses insociables dans la pratique. Défiez-vous avec moi de tous ces trésors publics. C'est une chimère que d'en vouloir former un dans un État dont les mœurs sont dépravées, quel-

que sévères que soient les lois qui veilleront
à la garde de ce dépôt, l'avarice trouvera le
secret de le piller impunément. Dans une république vertueuse, des magistrats sensés ne
penseront jamais que sa vertu ne lui suffise
pas. S'ils imaginent un trésor public, c'est
une marque que la vertu s'altère, et leur imprudence, au lieu d'affermir l'Etat, en sape
les fondements. Soyez sûr que les citoyens
ne seront jamais contents de leur pauvreté
quand l'Etat amassera des richesses. J'en fe-
rais, Aristias, une règle générale : suivant
que la politique s'occupe plus ou moins de trésors, d'argent, de richesses, la république,
plus ou moins heureuse, est plus ou moins
éloignée du moment de sa ruine. »

CINQUIÈME ENTRETIEN

Quels moments heureux nous avons passés dans la maison de Phocion ! Au retour de notre promenade sur les bords du Céphise, célébré par nos poëtes, nous prîmes un repas frugal, pendant lequel nous nous entretînmes avec gaieté. Les festins d'un grand roi ne valent pas, mon cher Cléophane, les légumes apprêtés sans art par la femme de Phocion. Il plaisanta agréablement sur le luxe de sa table, qu'il comparait au brouet noir des lacédémoniens.

« Quand Aristias, dit-il, sera un peu plus apprivoisé avec la philosophie, je le traiterai véritablement à la lacédémonienne. Pour aujourd'hui, il faut encore le ménager, il pourrait trouver très-mauvais ce que Lycurgue aurait trouvé très-bon. »

Après que Phocion eut fait une espèce de libation aux dieux tutélaires d'Athènes et à ses dieux domestiques, nous passâmes dans son jardin.

« Je vois votre impatience, dit-il à Aristias ; asseyons-nous un moment à l'ombre de ce figuier avant que de partir pour Athènes ; et, puisque vous le voulez, nous reprendrons notre morale et notre politique. »

« Mon cher Aristias, continua-t-il, vous ne vouliez d'abord que connaître les remèdes qu'on peut appliquer aux maux présents de notre république et vous instruire des ressources que notre situation même nous présente encore pour en sortir, et cependant j'ai eu la cruauté de ne vous entretenir que des principes fondamentaux de la politique. Ne croyez pas que j'aie voulu vous faire un étalage orgueilleux de philosophie. Si je ne me trompe, il vous est aisé de sentir que sans le secours de ces premières vérités, qui doivent servir de règle immuable à l'homme d'État dans chacune de ses opérations, jamais je n'aurais pu vous rien dire qui eût satisfait votre raison. Je me serais égaré et je vous aurais égaré à ma suite. Nous n'aurions corrigé une sottise que par une autre sottise, nous aurions imaginé des ressources, des expédients, et la vraie science de la politique est de n'en avoir pas besoin. Je vous aurais proposé au hasard des palliatifs souvent inutiles et même capables d'irriter le mal que nous aurions voulu soulager. Si j'ai réussi à vous convaincre de cette grande vérité, que la Providence a établi une telle liaison entre la morale et la politique que le bonheur des États est attaché à la pratique des vertus et que leur ruine commence toujours par quelque vice, il vous sera désormais facile de ne tomber dans aucune des fautes que plusieurs grands hommes ont commises. Vous avez une pierre de touche pour juger de la bonté de vos opérations. Vous vous garderez bien d'imiter Thémistocle, qui, pour rendre Athènos maîtresse de la Grèce et de la mer, proposa de brûler la flotte des Grecs qui hivernait dans le port de Pégase. Aristide jugea que rien n'était plus utile aux Athéniens que ce projet, mais que rien en même temps n'était plus injuste.

« Vous, Aristias, vous serez actuellement plus sage que le juste Aristide même, et, n'admettant aucune distinction entre l'utile et le juste, le nuisible et l'injuste, vous jugerez que rien ne pouvait être plus pernicieux aux Athéniens que l'entreprise injuste de Thémistocle. C'était acheter un avantage passager en nous rendant pour toujours odieux à la Grèce entière. Qui aurait osé compter sur nous après une pareille perfidie? Qui n'aurait pas détesté notre alliance, méprisé nos serments? Les Grecs réunis auraient conjuré notre perte, et, pour se venger, ils n'auraient pas craint d'implorer le secours de la Perse même et de lui demander des vaisseaux. Le décret qu'on propose au peuple est-il propre à lui faire aimer quelque vertu ou à le détacher de quelque vice? Favorisez cette loi de toutes vos forces, vous êtes sûr de servir utilement votre patrie. Vous condamnerez Agésilas, qui, voyant qu'un grand nombre de citoyens avait fui à la bataille de Leuctre et que la république avait besoin de soldats, fut d'avis de laisser pour cette fois sans exécution la loi qui notait d'infamie les poltrons (1). Qu'espérait-il d'une armée de

(1) Un Spartiate qui avait fui devant l'ennemi était exclu des assemblées publiques et particulières; c'était un déshonneur de s'allier avec lui par le mariage; il devait raser une partie de sa barbe. Tout citoyen qui le rencontrait pouvait le frapper sans qu'il lui fût permis de se défendre. Les Romains, après la bataille de Cannes, furent plus sa-

fuyards? La lâcheté avait fait tout le mal, il fallait donc être plus attaché que jamais à la rigueur des anciennes lois qui avaient rendu jusqu'alors les Spartiates invincibles. Favoriser les fuyards, c'était ne pas réparer la défaite de Leuctre et préparer cependant de nouvelles disgrâces à Lacédémone.

« Après les réflexions que nous avons faites jusqu'à présent, vous pouvez sans peine, mon cher Aristias, vous faire une règle pour juger de l'importance des lois. Celles qui sont les plus propres à tempérer nos passions et régler les mœurs publiques sont aussi les plus nécessaires et doivent être les plus sacrées. Dans aucun temps, dans aucune circonstance, sous aucun prétexte il n'est permis de les négliger. Je serais bien plus effrayé de voir prendre aux femmes de nouvelles parures et affecter de nouvelles grâces que je ne le serais de quelque commotion dans la place publique ou de l'ambition d'un magistrat qui voudrait s'élever au-dessus de ses collègues. Quand les lois des mœurs subsistent, toutes les autres sont en sûreté, mais leur décadence entraîne nécessairement la ruine du gouvernement. Quoique tout vice soit pernicieux, comme toute vertu est utile, il faut, lorsqu'on médite la réforme d'une république corrompue, ne pas s'abandonner à un zèle

ges qu'Agésilas après celle de Leuctre, ils refusèrent de racheter les prisonniers qu'Annibal avait faits. *Neo vera virtus, quum semel excidit, curat reponi deterioribus.* Voyez dans Horace l'admirable discours de Régulus au sénat romain. Les soldats de Rome, qui virent qu'il fallait vaincre ou périr, furent plus braves que jamais, et les Spartiates, en voyant que la poltronnerie était impunie, n'eurent plus assez de courage pour réparer leur défaite et leur réputation.

aveugle. Il faut procéder avec une certaine méthode. De même qu'il y a des vertus fécondes qui se prêtent un secours mutuel, et que la politique doit principalement cultiver dans une république qui les possède encore, il y a aussi des vices féconds, et qui servent, pour ainsi dire, de matrice et de foyer à la corruption, et c'est à les proscrire que la politique doit d'abord travailler dans une république corrompue. A leur tête est ce vice dont je ne sais pas le nom, monstre à deux corps, composé d'avarice et de prodigalité, qui ne se lasse jamais ni d'acquérir ni de dissiper, et dont les besoins, toujours renaissants et toujours insatiables, ne se refusent à aucune injustice. S'il est faible et ne se montre encore qu'avec quelque retenue, réunissez toutes vos forces et osez l'attaquer avec courage. Poursuivez-le jusque dans ses derniers retranchements; s'il ne succombe pas, vous n'avez rien fait. Quelle erreur à quelques républiques de proscrire le luxe dans le public et de le tolérer dans le sein des familles, d'inviter à la modestie des mœurs par des lois somptuaires et de les altérer par la pompe des fêtes publiques! Si ce vice, après avoir corrompu le corps entier des citoyens, règne avec autant d'effronterie que d'empire, vous ne feriez que l'irriter et lui préparer une nouvelle victoire en l'attaquant de front. Rusez alors avec lui, tendez-lui des piéges, agissez avec la prudence d'un général qui, n'osant livrer bataille à une armée dont il sent la supériorité, l'observe, la gêne dans ses opérations, lui coupe les vivres et tâche, en un mot, de la fatiguer et de la ruiner sans rien hasarder. Ce vice monstrueux dont je vous parle en produit mille autres qui sont autant d'alliés, d'auxiliaires, et, pour ainsi dire, de gardes qui veillent à sa sûreté. C'est sur eux que doit tomber votre principal effort. Epiez les circonstances favorables à votre entreprise. Tantôt vous noterez d'une flétrissure la mollesse ou la prodigalité, tantôt vous avilirez le luxe, et peut-être parviendrez-vous un jour à faire des règlements qui, donnant des bornes à l'industrie et à l'avarice, feront disparaître dans la fortune des citoyens cette disproportion énorme qui les corrompt tous également quoique par des vices différents.

« En suivant, mon cher Aristias, dans la culture des vertus, l'ordre que je vous ai indiqué, vous verriez tomber les vices les plus pernicieux à la société, car rien n'est plus opposé à l'avarice prodigue que la tempérance. L'amour du travail détruira la paresse, l'amour de la gloire et la crainte des dieux anéantiront cet instinct bas et grossier qui empêche tout citoyen vi leux de chercher son bonheur particulier dans le bonheur public. Mais, il faut l'avouer, il y a des temps où, par sagesse même, il faut renoncer à cette méthode. C'est la vertu dont un peuple est le moins éloigné, et non pas la vertu par elle-même la plus importante ou la plus avantageuse à la société que la politique doit alors encourager.

« Par exemple, Aristias, nous avons aujourd'hui une loi qui applique à des représentations de comédie les fonds destinés autrefois à la guerre, et il est défendu, sous peine de mort, d'en demander la révocation. Il n'y a de louanges à Athènes que pour des décorateurs de théâtre, des comédiens et des joueurs de flûte; des femmes désœuvrées et frivoles ont communiqué leur désœuvrement et leur frivolité à nos jeunes gens; nos magistrats et leurs courtisanes font un trafic public du pouvoir de la magistrature, ils voient d'un œil indifférent, et peut-être avec joie, les maux de la patrie, dont ils profitent; le peuple, jaloux et fatigué de son oisiveté, ne veut vivre que des gratifications que lui prodigue l'Etat; il regarderait un magistrat honnête homme et éclairé comme un tyran, et, ne se croyant libre qu'autant qu'il a la licence de tout faire impunément, vous le voyez, dans les élections, cabaler contre le mérite, faveur de l'ineptie qui ne se fait pas craindre. Nous ressemblons tous à cet Athénien qui donna sa voix pour condamner Aristide à l'ostracisme, parce qu'il était las de l'entendre toujours appeler le juste Aristide. Croyez-vous que dans de pareilles circonstances il fallût révéler aux Athéniens les vérités que j'ai mises sous vos yeux? Les gens mêmes qui gémissent de nos désordres et désirent encore le bien parmi nous seraient effrayés de l'espace immense qu'ils auraient à franchir et tomberaient dans le découragement. Les mauvais citoyens, à la vue de la sagesse qu'on leur proposerait, croiraient que, en voulant les priver de leurs vices, on leur arracherait leur bonheur.

« Ce que je vous ai dit, d'après tous les sages de l'antiquité, me ferait passer pour un insensé auprès des uns (1) et pour un perturbateur du repos public auprès des autres, et quelle espérance, mon cher Aristias, aurais-je

(1) Si Phocion craignait de passer pour un insensé en révélant aux Athéniens de son temps les grandes vérités dont il instruit Aristias, je devrais craindre de ne pas passer pour trop sage en m'étant donné aujourd'hui la peine de traduire son ouvrage; il est cependant utile de connaître le terme où l'on doit aspirer quoiqu'on n'espère pas de pouvoir y arriver. Que sait-on? Après s'être délivré avec peine d'un premier vice, peut-être serait-on en état de renoncer sans effort à un second.

alors d'y réussir? Toute réforme demande
donc à être conduite avec une extrême circonspection, et cette circonspection elle-même
semble être un nouveau châtiment dont l'Auteur de la nature punit nos vices, et par lequel
il nous avertit d'être en garde contre une corruption à laquelle il est si difficile de remédier.
Pour détruire des préjugés, il faut quelquefois pousser la condescendance jusqu'à paraître les adopter. Pour ruiner un vice, il faut
feindre quelquefois d'en favoriser un autre.
Mais je vous entretiens trop longtemps des
ménagements dont la politique doit alors
user; grâce à notre corruption, nous n'avons
rien à craindre d'un zèle immodéré pour la
vertu. Puisque toute vertu est utile, puisqu'il
n'y a point de vertu qui ne prépare notre
cœur à en recevoir une seconde, essayez à
différentes reprises, et sans vous lasser, les
dispositions de vos citoyens. Après un premier succès, n'en perdez pas le fruit en négligeant d'en avoir un second. Tâchez de
réveiller dans les cœurs quelque étincelle
de l'amour de la gloire, c'est la seule de toutes les vertus qui, par le secours de la vanité, peut encore se montrer au milieu d'une
extrême corruption. Tous vos efforts seront-
ils vains? Il reste une dernière ressource à la
politique, c'est de se servir des passions mêmes pour affaiblir peu à peu et ruiner leur
empire. »

A ces mots, mon cher Cléophane, notre nouvel initié aux secrets de la sagesse, ne put
s'empêcher de sourire en me regardant.

— Les passions, dit-il, sont donc quelquefois utiles?

— Oui, mon cher Aristias, lui repartit Phocion, comme ces poisons que la médecine
convertit quelquefois en remèdes.

— N'importe, reprit Aristias, et, de tous les

moyens de corriger un peuple vicieux, je soupçonne que le plus désagréable n'est pas celui d'employer nos passions. Je lisais hier, continua-t-il, la *République de Platon*; il ne dédaigne pas de regarder les plaisirs de l'amour comme un ressort dont la politique doit se servir pour animer le courage, et le porter aux actions héroïques (1). Puisqu'il peut être l'aiguillon et le prix de la valeur, vous voulez sans doute, Phocion, que, dirigé par une main habile, il contribue à rendre plus aisée la pratique de toutes les vertus les plus nécessaires à la société.

— Point du tout, répondit Phocion en souriant, et de votre empressement à vouloir deviner ma pensée je conclus, mon cher Aristias, que vous n'êtes plus le maître de votre cœur. Quelle autorité, poursuivit Phocion, venez-vous de me citer? Platon, l'élève, l'ami de Socrate, le confident de ses pensées! oserais-je ne pas me soumettre à son sentiment s'il ne m'avait appris lui-même, dans son école, que l'homme le plus sage paye toujours quelque tribut à l'humanité, et que notre raison ne doit se soumettre qu'à la vérité?

« Je le vois, mon cher Aristias, vous vou-

(1) *Qui autem egregie sese gerens excelluerit, primo quidem in ipsa expeditione ab iis qui una militant adolescentibus ac pueris, sigillatim à quolibet coronandus, nonne tibi videtur? Mihi vero. Quid? Nonne et dexteras jungere illi debebunt? Et hoc. At hoc præterea tibi forsan non videtur? Quid? Ut oscula à quolibet accipere debeat ac dare, Imo vero maxime omnium. Atqui et legi huic addendum existimo, ut quoad in ea expeditione fuerint, nemini renuere liceat, quemcunque osculari ipse desideraverit, ut si quis alicujus amore captus fuerit vel maris, vel feminæ, acrior sit ad victoriam consequendam.* (Platon, in Rep., livre V.)

driez que la plus belle femme fût la récompense de l'homme le plus brave, le plus juste et le plus prudent. Mais faites attention combien une pareille loi donnerait de force à une passion déjà trop impérieuse, trop ennemie de l'ordre, et qu'on ne saurait trop réprimer. Le premier soin de tous les législateurs n'a-t-il pas été de donner des règles à l'amour? Et de là sont nées chez tous les peuples les lois saintes du mariage. Quoique Platon voulût que les femmes fussent communes dans sa république, combien cependant n'a-t-il pas mis de mœurs et d'honnêteté dans cette espèce de débauche? Son objet même n'est-il pas de dégager le cœur de toute affection particulière, pour l'attacher plus étroitement à l'État? Sans doute que nos pères n'y entendaient rien de ne pas connaître le grand mérite de la prostitution. Ils étaient bien grossiers et bien aveugles, puisque, malgré leurs bonnes mœurs, ils n'ont pas laissé de faire d'assez belles choses à Marathon, à Salamine, à Platée. J'ai regret que Thémistocle et Pausanias n'aient pas fait publier, à la tête de leurs armées, que, au lieu des récompenses insipides dont on honorait parmi nous la valeur, le plus brave des Grecs aurait le privilège d'enlever à son gré la plus belle des Grecques. Que tardons-nous à proposer cet admirable expédient? Nos soldats, préparés par des idées de galanterie et de débauche à être laborieux, infatigables, disciplinés, obéissants, triompheraient bien aisément des soldats de Philippe, qui a la sottise de vouloir qu'il y ait des mœurs dans son camp. Pour nos aréopagistes et nos sénateurs, il est évident qu'en leur donnant, à proportion de leur mérite, quelque droit sur la pudeur des femmes, ce serait un moyen infaillible de les rappeler à cette intégrité majestueuse qui doit former le caractère des magistrats. Sans doute que le temps qu'ils emploient aujourd'hui à corrompre et séduire de jeunes beautés serait désormais consacré au service de la république, et qu'une sage émulation.....

« Mais parlons sérieusement, mon cher Aristias, est-il possible qu'on connaisse assez peu les effets de la volupté, qui amollit le cœur et énerve l'esprit et le corps, pour vouloir en faire le principe de la prudence et de la magnanimité? Ne sait-on pas combien les plaisirs qui tiennent à nos sens sont inconstants, combien ils rassasient et lassent? Il y a un âge où ils sont inconnus et un autre où ils seraient laborieux, et, dans l'intervalle de ces deux âges, l'amour est une ivresse qui trouble presque continuellement la raison. C'est par les passions qui tiennent immédiatement à nos sens que nous sommes rabaissés à la condition des animaux, elles ne peuvent donc jamais être honorées par des êtres intelligents, et on ne les rend honnêtes qu'en les soumettant aux lois de la raison. J'excuse la jeunesse qui s'égare; chaque âge a malheureusement ses infirmités; mais je veux que, au lieu de s'applaudir au milieu de ses erreurs et de vouloir les ennoblir, elle ait le courage de les désapprouver. Je veux que la raison conserve sa liberté, et que, mettant de l'honnêteté jusque dans les choses déshonnêtes, elle rougisse des besoins des sens. Je n'ignore pas que l'espérance des voluptés a quelquefois produit de grandes choses. Je sais que les Scythes conquirent autrefois l'Assyrie pour avoir des palais somptueux, des liqueurs délicieuses et des femmes parfumées; et je ne suis pas étonné que ces passions brutales aient donné à un peuple encore sauvage, de la valeur et de l'audace.

Mais les mêmes espérances auraient-elles donné les mêmes qualités à un peuple déjà amolli par les plaisirs?

« Remarquez d'ailleurs, Aristias, que, dès le moment où ces passions commencèrent à jouir du prix de leur victoire, les Scythes, courageux, devinrent aussi mous, aussi lâches que les peuples qu'ils avaient vaincus, et que ces passions ne leur donnèrent aucune des vertus qui font le citoyen. L'amour des voluptés en fit, si vous voulez, des héros, la jouissance de ces mêmes voluptés en fit les hommes incapables de conserver leurs conquêtes. Chassés ou égorgés par leurs esclaves, leur empire dura à peine cinq olympiades. Le bien passager que ces passions peuvent produire est trop douteux et trop court, le mal qui les suit est trop certain et trop durable pour que la politique doive jamais en faire usage. Je ne vous citerai que l'exemple de Cyrus. Ce prince régnait sur un peuple tempérant, sobre, actif, laborieux. Les vices qui depuis longtemps avaient inondé l'Asie semblaient avoir respecté la petite province qui portait alors le nom de Perse. Cyrus ne connut point son bonheur. Trompé par une malheureuse ambition, ou ne sachant peut-être pas que ce n'est ni l'étendue des domaines ni le nombre des provinces qui font la grandeur du prince et la sûreté de sa nation, il voulut avoir la gloire d'être le fondateur d'une puissante monarchie. Il présenta à ses sujets les richesses, l'abondance et les voluptés des royaumes voisins comme le prix de leur courage et de leurs conquêtes. Tout fut vaincu, mais à peine Cyrus eût-il soumis l'Asie, que la récompense qu'il avait accordée à la valeur de ses soldats l'éteignit. Il vit les Perses, autrefois vertueux et pleins d'amour pour la gloire, s'efféminer et lan-

guir dans la mollesse. « Si nous ne songeons,
« leur dit-il alors, qu'à accumuler richesses
« sur richesses, si nous nous livrons témé-
« rairement aux voluptés, et pensons que
« l'oisiveté et la paresse doivent être le prix
« de nos travaux, et peuvent nous rendre
« heureux, nous ne tarderons pas à perdre ce
« que nous avons acquis. » L'avis de Cyrus était
sans doute très-sage, mais le temps était
arrivé où il devait être puni de son ambition
et des moyens imprudents qu'il avait employés pour la satisfaire. Ses sujets, corrompus d'abord par l'espérance et ensuite par la
jouissance même des voluptés, n'étaient plus
en état de l'entendre. Il fit des efforts inutiles pour les rappeler à leur ancienne vertu,
et, au lieu de ce titre de fondateur d'une monarchie puissante et florissante, qu'il croyait
mériter, il vit avec chagrin qu'il n'avait été
que le corrupteur des Perses et ne laissait à
ses successeurs qu'un empire bien moins solidement affermi que celui qu'il avait reçu
de ses pères. Ce sont les passions de l'âme,
dont la politique peut se servir, parce
qu'elles naissent avec nous, ne meurent
qu'avec nous, ne se lassent point, et qu'on
peut, en quelque sorte, leur donner la teinture de la vertu. Telles sont l'envie, la jalousie, l'ambition, l'orgueil, la vanité. Ces passions sont hideuses par leur nature ; elles
préparent l'âme à être injuste, et, abandonnées
à elles-mêmes, elles se portent aux excès les
plus odieux. Cependant elles deviennent quelquefois, entre les mains de la politique, émulation, amour de la gloire, prudence, fermeté,
héroïsme ; mais, pour voir opérer ces miracles,
il faut que les citoyens ne soient pas entière-
ment corrompus par l'avarice, la paresse, la
volupté et les autres vices qui avilissent
l'âme.

« Craignez, mon cher Aristias, de hâter la ruine de la république en vous servant de ces passions si vous ne trouvez auparavant l'art de leur inspirer une sorte de pudeur et de les associer à quelque vertu qui les tempère et les dirige. Un médecin habile n'applique pas le même remède à tous les maux. Le pilote d'un vaisseau déploie ou resserre tour à tour ses voiles. Tantôt il fuit la côte, tantôt il en approche. Là il jette l'ancre, ici il marche la sonde à la main, ailleurs il s'abandonne aux vents. De même, l'homme d'État conforme toujours sa conduite à la différence des situations où il se trouve. Il sonde les plaies de sa république; plus attentif à la malignité des symptômes de chaque maladie qu'aux accidents plus ou moins violents qu'elle produit, il désespère quelquefois du salut de la patrie quand les citoyens sont encore dans la plus parfaite sécurité. Les maladies qui, au premier coup d'œil, paraissent les plus effrayantes, ne sont pas toujours les plus dangereuses. Quand on voit un État divisé par des partis, des cabales, des factions, l'imagination en est ordinairement alarmée, on croit qu'il touche au moment de sa ruine, on croit que les citoyens vont prendre les armes et s'égorger ou que leur ville va devenir la proie de quelque ennemi étranger. Mais ne craignez rien : si les citoyens ont des mœurs, s'ils aiment la tempérance, le travail et la gloire, s'ils craignent les dieux, soyez sûr que la justice leur est encore chère, que leurs passions seront prudentes, et que la république est encore assise sur de solides fondements. Des hommes qui ne sont pas abandonnés à des vices grossiers ne se porteront point aux dernières extrémités. Leur ville ne leur servira point de champ de bataille quoiqu'ils paraissent furieux. Ils sont ennemis, mais citoyens, et ils se réuniront pour agir de concert si un étranger ose les attaquer ; soyez même convaincu qu'ils se lasseront à la fin de leurs désordres et y chercheront eux-mêmes un remède. Tel a été le sort de nos pères, vertueux comme par instinct avant que d'avoir su établir parmi eux des lois propres à contenir les citoyens dans les bornes de la subordination et affermir l'autorité des magistrats sans qu'ils en pussent abuser ; les habitants de la ville, de la côte et de la montagne paraissaient tous les jours prêts à en venir aux mains pour décider à qui appartiendrait la puissance souveraine (1), et jamais cependant la place publique ne fut souillée de leur sang. Nos pères se lassèrent à la fin de cette situation, et, tant les haines étaient alors honnê-

(1) Les habitants de la montagne voulaient qu'on établît à Athènes une pure démocratie, ceux de la plaine demandaient une aristocratie rigoureuse, tandis que les citoyens établis sur la côte souhaitaient, avec plus de sagesse que les autres, qu'on fit un mélange de ces deux gouvernements. Alors les Athéniens étaient pauvres ; ils n'avaient aucun luxe et ne connaissaient que les arts utiles. Rien ne prouve mieux qu'ils avaient de bonnes mœurs que le sacrifice que chaque parti fit de ses intérêts particuliers au bien public en prenant Solon pour arbitre, pour juge et pour législateur.

Si on se rappelle la *Vie de Solon*, par Plutarque, on ne sera pas étonné du peu de cas que Phocion semble faire du législateur de sa patrie. Plutarque nous a conservé quelques morceaux des poésies de Solon, où les plaisirs de la volupté sont célébrés d'une manière peu convenable à un sage. Il avait fait, à ce qu'on croit, le commerce dans sa jeunesse, et dans sa vieillesse il fut adonné à l'oisiveté et aux plaisirs de la table et de la musique. Gagné par les caresses de Pisistrate, il abandonna les intérêts de sa pates et généreuses, chaque parti sacrifia ses espérances et son ressentiment au bien public. On convint de demander des lois à Solon et on promit d'y obéir. Qu'il était facile alors d'appliquer un remède efficace aux maux de la république! Si notre législateur, d'un caractère trop faible, et dont les lumières étaient bornées, eût été un Lycurgue, nous serions aujourd'hui heureux, et la Grèce, dont nous n'aurions pas troublé la paix et l'union, serait florissante. En voyant passer nos pères sous le joug de Pisistrate, on aurait eu tort de désespérer de la république. Des mœurs austères et mâles devaient servir de ressources contre la tyrannie. Le mal était grand, mais les esprits étaient capables de supporter un plus grand remède. Le courage vertueux des Athéniens s'indigna de la servitude. La république, dont toutes

trie et finit par être le flatteur, l'ami et le conseil de l'oppresseur de la liberté publique. Comme législateur, Solon ne fit que pallier les maux d'Athènes. Sous prétexte que les Athéniens n'étaient pas capables d'avoir de meilleures lois que celles qu'il portait, il ne leur en donna que de médiocres. Il faut que des lois soient bien peu sages quand leur auteur leur survit. Solon ne contenta ni les riches ni les pauvres en voulant contenter tout le monde. Il donna trop peu d'autorité aux lois et aux magistrats, ce qui laissa subsister les anciens préjugés et les anciennes divisions et empêcha que le gouvernement ne s'affermit.

Plusieurs lois de Solon sont sages, si on les considère séparément, mais elles ne partent jamais du même principe que pour aller au même but. Quelquefois même elles se contrarient ou sont obscures. Il est certain que, s'il eût eu les lumières, le génie et la fermeté de Lycurgue, il eût pu profiter de la confiance que les Athéniens avaient en lui pour les rendre heureux et former un gouvernement à peu près pareil à celui de Lacédémone.

les parties étaient saines, en faisant un effort pour chasser le tyran, rompit aisément les chaînes et reparut plus libre que jamais. L'amour de la patrie prit une nouvelle force, et nos pères firent des prodiges de valeur et de magnanimité.

« Je ne me lasserai point de vous le redire, mon cher Aristias, la politique juge des maladies par les mœurs comme la médecine par le pouls. Quoique Pisistrate fût un tyran tel que le donnent les dieux dans leur colère, c'est-à-dire qu'il craignit de se rendre odieux par des violences, qu'il déguisât avec adresse le joug qu'il voulait imposer, qu'il agît avec une feinte douceur et se cachât sous le masque de la justice et du bien public, il ne put ni tromper ni lasser la fermeté et le courage de notre république. Quoique les trente tyrans auxquels Lysandre nous condamna d'obéir fussent au contraire des monstres odieux, quoique aucun droit ne fût sacré pour eux, quoiqu'ils répandissent des torrents de sang, quoique, en un mot, leurs excès abominables dussent porter nos pères au désespoir et leur inspirer quelque vertu, Athènes, opprimée et malheureuse, ne sut que pleurer et trembler.

«C'est qu'alors, Aristias, nous n'avions plus de mœurs ; c'est que Périclès nous avait amollis par l'oisiveté, la paresse et l'usage des plaisirs ; c'est que chaque citoyen, accablé dans sa maison, d'une foule de besoins inutiles, n'avait plus de patrie. Il fallut que Trasibule, exilé, proscrit, fugitif, vînt briser nos chaînes, mais n'ayant pas conjuré contre nos vices comme contre nos tyrans, nous fûmes incapables de profiter de la révolution que son courage avait produite. Que nous servait de reprendre notre ancien gouvernement quand nos mœurs corrompues en

avaient relâché et rompu tous les ressorts ?
O Trasibule ! que ta gloire serait grande si,
par un second bienfait, tu avais mis ta patrie
à portée de profiter du premier ! Il fallait armer ton bras contre nos vices et nous arracher à nos voluptés pour nous rendre dignes
d'être libres. »

« Le dernier terme des maux d'une république c'est, poursuivit Phocion, quand les
citoyens sont familiarisés avec la honte, et
que, couverts tranquillement d'ignominie, la
gloire ne leur paraît qu'une vaine chimère.
Une philosophie criminelle fait-elle regarder
en pitié un héros et même un simple honnête homme ? Comptez, mon cher Aristias,
que tout est perdu. La république ne sera
pas agitée par des commotions violentes,
parce qu'on n'y a même plus de ces vices
qui supposent une sorte de force et d'élévation dans l'âme, craignez ce calme perfide. La
vérité n'est plus dans les cœurs, le mensonge
est dans toutes les bouches. Un vil intérêt
n'est pas seulement la règle des actions des
citoyens, il est même l'âme de leurs pensées,
Vous verrez les magistrats se tendre mutuellement des piéges. Vous verrez l'ambitieux ne travailler qu'à décrier son concur-
rent par des calomnies, vouloir perdre ses
rivaux, mais ne pas se donner la peine de valoir mieux qu'eux. En un mot, les vices les
plus bas ont jeté les esprits dans une léthargie mortelle qui ne laisse aucune espérance
de salut. »

A ces mots, mon cher Cléophane, qui nous
présentaient un tableau de notre situation
présente, nous tombâmes, Aristias et moi,
dans une profonde consternation, nous crû-
mes entendre prononcer un arrêt de mort
contre notre patrie. Je frémissais en me
voyant dans un abîme sans issue et d'où je

ne pouvais me faire entendre ni des dieux ni des hommes. Phocion lui-même, comme effrayé de la peinture trop fidèle qu'il avait faite de nos vices, avait interrompu son discours, et, laissant tomber ses regards à ses pieds après les avoir élevés au ciel, paraissait plongé dans une rêverie lugubre. Mille idées accablantes s'offraient avec rapidité à mon esprit.

« Nous sommes perdus, me disais-je ! O Athènes ! ma chère patrie, tu cours toi-même à ta ruine ! Quelle main assez puissante te retiendra sur le penchant du précipice qui est ouvert sous tes pas ? Minerve, viens à notre secours. Non, c'en est fait, les dieux sont sourds, nous avons lassé leur patience.

— O Phocion ! Phocion ! s'écria Aristias, toucherions-nous irrévocablement à notre terme fatal ? Les dieux ont-ils ordonné qu'il n'y ait plus d'Athènes ? Une ville toute pleine des monuments élevés à la gloire de nos pères, une ville qui possède encore Phocion, serait-elle condamnée à n'être plus qu'un amas de ruines ou à ne nourrir dans son sein que des esclaves faits pour obéir à des étrangers ? Nos vices sont grands, ils sont énormes, mais la clémence des dieux n'est-elle pas infinie ? Nous puniraient-ils jusqu'à vouloir que Philippe... Non, Phocion, non, les dieux ne le voudront pas. Les Athéniens ont-ils plus de vices et d'erreurs que je n'en avais il y a six jours ? Pourquoi ne feraient-ils pas, comme moi, un retour sur eux-mêmes ? Après avoir rappelé dans mon cœur l'amour de la vertu, au nom des dieux, Phocion, au nom de notre chère patrie, rappelez-y encore l'espérance.

— Aristias, répondit tristement Phocion, ce serait vous flatter, ce serait vous donner cette sécurité aveugle, qui n'est déjà que trop commune dans Athènes, et dont les dieux frappent les républiques qu'ils veulent perdre sans retour. Quand un tyran s'élèverait parmi nous et voudrait, en nous foulant aux pieds, qu'il n'y eût d'or, d'argent, de luxe et de voluptés que pour lui, nos âmes, mollement effarouchées par la perte même de nos plaisirs, ne reprendraient pas assez de vigueur pour sortir de leur léthargie. Il n'est plus temps d'espérer, si un Lycurgue ne nous fait une sainte violence et ne nous arrache par force à nos vices (1). »

Je voudrais, mon cher Cléophane, que vous eussiez été témoin des sentiments que le discours de Phocion faisait naître dans le cœur d'Aristias. Je voyais avec plaisir que ses yeux s'enflammaient, tour à tour il les élevait au ciel et les portait sur Phocion. Ses pensées se présentaient en désordre à son esprit, et il ne parlait que par paroles entrecoupées.

« Que ne puis-je ?... O Lycurgue !... Je tenterais..... J'oserais..... Le salut de la patrie n'est pas encore désespéré..... Vous, Phocion, ajouta-t-il en lui baisant avec tendresse les mains, par pitié pour vos malheureux concitoyens, empêchez-les de périr. Soyez notre Lycurgue. Pourquoi ne feriez-vous pas aujourd'hui dans Athènes le miracle qu'il fit autrefois dans Lacédémone ? Ce législateur,

---

(1) Lycurgue ne fut pas choisi par les Spartiates pour leur donner des lois comme Solon le fut par les Athéniens. Il médita son projet de réforme avec trente citoyens qui lui promirent de le seconder. Vingt-huit lui furent fidèles ; il leur ordonna de se rendre armés sur la place publique ; il y publia ses lois et intimida ceux qui profitaient des désordres publics. Voyez la *Vie de Lycurgue* par Plutarque.

à qui la Grèce a dû six siècles de prospérité, l'honorerions-nous aujourd'hui comme le plus sage des hommes s'il n'avait eu le courage de faire violence aux Lacédémoniens en faveur de la justice et des bonnes mœurs ? Conjurez, à son exemple, le salut d'Athènes. La vertu n'est pas encore éteinte dans tous les cœurs. Parlez, que faut-il faire ? L'amitié de Nicoclès vous secondera, je ne craindrai aucun danger. Vous trouverez encore, comme Lycurgue, trente citoyens capables de vous seconder ; mais je ne vous ébranle pas. Votre respect pour des lois qui n'existent plus vous retient-il ? Craignez-vous d'usurper un droit ?

— Non, non, mon cher Aristias, lui répondit Phocion, je le sais, on n'est point un tyran quand on n'usurpe une autorité courte et passagère que pour rétablir et affermir la liberté publique. Quand la loi règne, tout citoyen doit obéir ; mais quand par sa ruine la société est dissoute, tout citoyen devient magistrat ; il est revêtu de tout le pouvoir que lui donne la justice, et le salut de la république doit être sa suprême loi. Trasibule mérita une gloire immortelle pour nous avoir affranchis du joug de trente tyrans. N'en doutez pas, on lui serait supérieur en nous délivrant de la tyrannie de cent passions bien plus cruelles que Critias. Mais vous ne connaissez pas encore tous nos maux. En vous parlant des différentes maladies dont une république est affectée je ne vous ai pas encore dit, mon cher Aristias, que des circonstances, en quelque sorte étrangères à cette république, peuvent rendre sa situation beaucoup plus déplorable ; elle peut avoir à craindre à la fois ses vices et ceux de ses voisins. Ce qui redouble en effet mes alarmes pour notre patrie, c'est que je vois toutes les villes de la Grèce méditer leur ruine mutuelle, tandis que nous avons à nos portes un ennemi ambitieux et redoutable, qui n'attend qu'un prétexte pour prendre part à nos affaires et nous accabler. Craignons de servir son ambition en voulant sauver notre république. Une révolution telle que celle que Lycurgue fit autrefois à Lacédémone ne peut s'exécuter sans causer une extrême agitation dans les esprits. A l'approche des bonnes mœurs, quelle résistance ne feraient pas nos citoyens corrompus? Enhardis par la protection de nos voisins jaloux et inquiets, vous les verriez crier à la tyrannie et porter leurs plaintes dans toute la Grèce et la Macédoine. Philippe, sous prétexte de protéger une partie des citoyens et de nous rendre la paix, se porterait dans l'Attique. Ses pensionnaires, ses amis et les ennemis de la vertu lui ouvriraient nos portes, et il ne manquerait de favoriser le parti de l'injustice et des mauvaises mœurs, pour se rendre nécessaire et jeter les fondements de sa domination sur Athènes. Faibles et corrompus au dedans, menacés au dehors, nous devons nous faire une politique convenable à notre situation, elle est telle qu'un remède trop actif causerait nécessairement notre perte. Il faut d'autres circonstances pour nous corriger, et je prie les dieux de les amener.

— Ils les amèneront, Aristias. Cette puissance macédonienne, qui nous effraye, ne porte que sur une base fragile. En attendant que la Macédoine rentre dans l'obscurité d'où Philippe l'a retirée, ne songeons qu'à notre conservation. Contentons-nous de ne pas périr. Au défaut de toute autre vertu, ayons au moins de la modestie et de la prudence. Que je crains l'éloquence emportée de Démosthènes! S'il nous retirait par malheur de notre assoupissement, s'il nous portait, dans un moment d'ivresse ou d'indignation, à déclarer la guerre à la Macédoine, nous serions perdus. Les efforts inutiles qu'il a faits pour réveiller en nous quelque sentiment de vertu ne devraient-ils pas l'avoir convaincu que nous ne pouvons avoir qu'un accès de colère, et que nous ne sommes pas même assez heureux pour conserver longtemps cette passion? Tout ce qui demande du courage, de la prudence et quelque retenue serait téméraire pour nous. C'est le propre des passions de se montrer et d'agir quelquefois avec une espèce d'enthousiasme. Les poltrons, les avares, etc., ont des moments de courage et de prodigalité, mais il faut s'en défier. Plus une passion sort avec violence de son caractère, plus elle est prête à y rentrer. Pour compter sur nos passions, il faut que, éteintes et rallumées à plusieurs reprises, elles aient laissé à notre âme le temps de contracter des habitudes. Des habitudes nouvelles sont fragiles, des épreuves médiocres et souvent répétées les fortifient, mais de trop grands obstacles les détruisent. Je conclus de là que dans ce moment nous ne pouvons même tirer aucun secours de nos passions. La fortune, dit-on, peut nous être favorable; mais il n'appartient qu'à une république vertueuse d'espérer des hasards heureux et de savoir profiter des faveurs de la fortune. Je le dis sans cesse aux Athéniens : vous n'êtes plus ce peuple qui triompha autrefois des forces de l'Asie. Je m'oppose sans cesse à la politique téméraire de Démosthènes, je conseille la paix parce que la guerre causerait notre ruine. Connaissons nos forces, ou plutôt notre faiblesse, et, puisque nous ne sommes pas les plus forts, ayons du moins la prudence d'être amis de ceux qui le sont. »

Phocion se tut après avoir prononcé ces dernières paroles d'un ton plus bas que le reste de son discours; il s'arrêta un moment, en attachant ses regards sur Athènes, dont nous approchions, et ses yeux se remplirent de larmes. Mon cher Cléophane, que les pleurs d'un grand homme son éloquents !

« Vous êtes jeune, Aristias, reprit Phocion, et veuillent les dieux que vous ne soyez pas témoin des malheurs qui menacent notre patrie. Quel que soit l'avenir, armez-vous d'une sage constance, n'abandonnez jamais la république, servez-la dès aujourd'hui en donnant l'exemple des bonnes mœurs à une jeunesse effrénée, qui devrait faire l'espérance de la patrie et qui en fait le désespoir. Si un jour vos conseils sont écoutés, si vous prenez un jour en main le gouvernail de ce vaisseau qui fait eau de toutes parts, ne songez à vous éloigner du port, ne vous exposez en pleine mer qu'après vous être radoubé. Si les dieux ramènent des circonstances plus heureuses, si nous n'avons plus à craindre que nous-mêmes, si nous nous lassons enfin de nos vices, si le ciel permet qu'un jour vous puissiez être le Lycurgue d'Athènes, rappelez-vous, mon cher Aristias, les conseils que vous donne mon amitié. Ayez toujours devant les yeux que sans les mœurs les lois sont inutiles; on n'y obéira pas. N'oubliez jamais que ce sont les vertus domestiques qui font les mœurs publiques. Soyez persuadé que la vertu, seule, peut rendre un État constamment heureux et florissant. L'ambition, l'injustice, l'intrigue, l'artifice, les richesses, la force, la violence, peuvent procurer quelque succès, mais il est passager, et les suites en sont toujours funestes.

En partant de ces principes, vous éprouverez, Aristias, que la politique est une science sûre et facile. Si vous les abandonnez, vous verrez les obstacles renaître sans cesse les uns des autres. Quand la politique est occupée au dedans à combattre, tantôt un vice et tantôt un autre, qu'il faut qu'elle trompe le citoyen ou le gouverne par la crainte, n'est-il pas impossible qu'elle puisse suffire aux besoins de la société? Si au dehors elle est obligée de justifier une première violence par une nouvelle fraude, de réparer un mensonge par un mensonge, un dieu pourrait à peine débrouiller le chaos dans lequel elle se trouve bientôt enveloppée. N'oubliez rien, tentez tout pour corriger la république de ses vices, ne perdez pas un instant, le péril est pressant, si quelqu'un de vos ennemis a déjà commencé à prendre l'habitude de quelque vertu. J'ai tremblé pour la Grèce; j'ai été plus inquiet que jamais sur le sort d'Athènes quand j'ai vu que l'ambition habile de Philippe accoutumait les Macédoniens à la sobriété, au travail, à la patience et à la discipline. La république est-elle parvenue à aimer ses devoirs? Tâchez de les lui faire aimer encore davantage. Ne vous reposez point, car les passions que vous avez à combattre ne se reposent jamais. On n'est jamais assez vertueux parce qu'on n'est jamais trop heureux. Qui s'arrête dans le chemin de la vertu a déjà reculé sans s'en apercevoir. N'attendez pas qu'il se soit formé une maladie dans l'Etat pour y apporter un remède : peut-être qu'en naissant elle serait déjà incurable. Tâchez de la prévenir, quelque symptôme l'annonce toujours. Soyez sûr que nos plus grands ennemis, nous les portons en nous-mêmes, ce sont nos passions. Si vous n'en connaissez pas la marche sourde et tortueuse, vous serez surpris comme un général qui néglige de s'instruire des mouvements de son ennemi.

« Si vous n'étudiez pas leur langage artificieux, elles vous parleront, mon cher Aristias, et vous croirez entendre la voix de la raison. Si vous ne devez l'alliance de vos soins qu'à des intrigues, cette alliance sera fragile et toujours douteuse. Ne comptez sur vos alliés qu'autant que vous leur aurez fait du bien et qu'ils se confieront à votre justice et à votre courage. Aimez, et faites, en un mot, le bien de tous les hommes si vous aimez votre patrie et voulez la servir utilement.

« Voilà, Aristias, ce que j'avais à vous dire sur les principes fondamentaux de la politique; elle exige sans doute plusieurs autres connaissances dans l'homme d'État, et vous devez vous hâter de les acquérir. On ne saurait trop connaître les lois et les mœurs de son pays, de ses alliés, et en général de tous les peuples dont on peut espérer ou craindre quelque chose. Le commerce des hommes vous apprendra à traiter avec eux; n'espérez pas cependant que votre expérience seule vous puisse donner toutes les lumières dont vous aurez besoin. Si vous ne savez que ce que vous aurez vu, vous sentirez à chaque instant le poids de votre ignorance, à moins qu'une présomption extrême ne vous trompe. C'est en étudiant dans l'histoire les causes des événements heureux et malheureux que vous acquerrez des connaissances sûres. Le passé est une image ou plutôt une prédiction de l'avenir. Comptez les vertus et les vices d'un peuple, et comme Jupiter, qui, selon les poëtes, a pesé dans ses balances d'or la destinée des républiques et des empires, vous saurez les biens et les maux auxquels il doit s'attendre.

« Vous ne serez point un bon citoyen, mon cher Aristias, si dès à présent vous ne vous préparez à être un jour un excellent magistrat. N'aspirez jamais à un emploi que vous n'ayez acquis auparavant les connaissances nécessaires pour le bien remplir. Il n'est plus temps d'apprendre quand il faut exécuter, et, si on exécute sans être instruit, on n'a d'autre guide que la routine, qui se laisse entraîner au cours des événements. Voulez-vous remplir votre magistrature avec gloire? Tâchez de connaître les devoirs de vos collègues et de tous les magistrats qui partagent avec vous l'administration de la république. Qui ne connaît qu'une branche du gouvernement l'administrera mal. N'ayez avec eux qu'un même intérêt, et n'exigez jamais par orgueil qu'ils sacrifient les parties dont ils sont chargés à celle qui vous est confiée.

« Enfin, mon cher Aristias, conservez précieusement votre réputation. Il ne suffit pas que le magistrat soit homme de bien, il faut même que sa vertu ne puisse être soupçonnée. Si le peuple vous croit juste, soyez sûr que les lois dont vous serez le ministre auront une force infinie entre vos mains, et qu'il vous sera aisé de travailler au bonheur public. »

FIN.

Typ. de Rouge, Dunon et Fresné, r. du Four-St-Germ., 43.

Reliure serrée

www.ingramcontent.com/pod-product-compliance
Ingram Content Group UK Ltd.
Pitfield, Milton Keynes, MK11 3LW, UK
UKHW020835120726
13693UKWH00002B/671